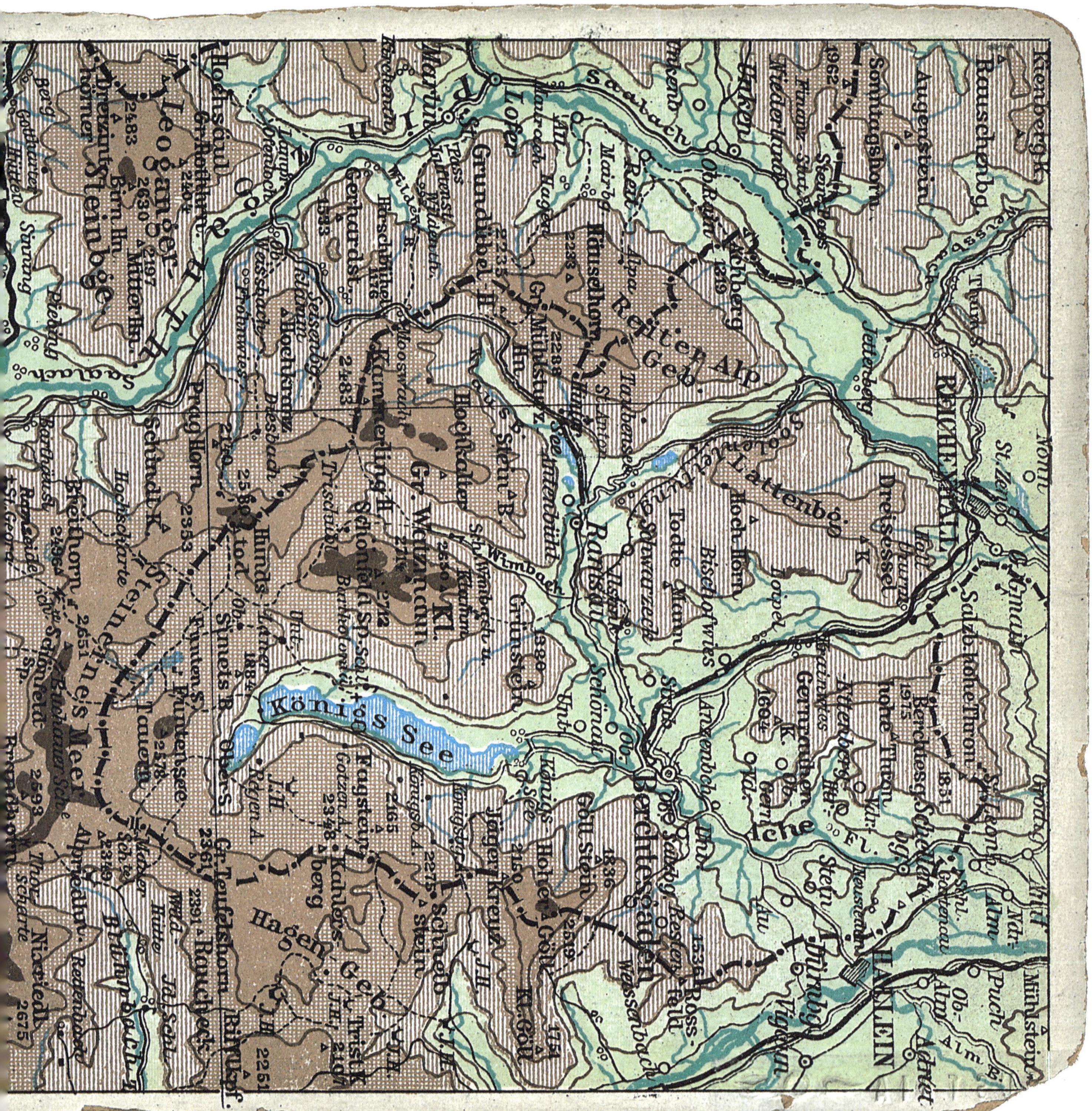
Königs See
Berchtesgaden
Reiter Alp Geb.
Lattenbg.
Hagen Geb.
Saalach
Lofer
Ramsau
Hallein
Reichenhall

Eva-Maria Ilsanker

Nostalgische Reise durch das Berchtesgadener Land

Ramsau gegen Reiteralpe.

Felsentor a.d. Ramsauer Strasse
Berchtesgaden
Almbachklamm
Watzmann 2714 m.
Königssee „Malerwinkel"
BERCHTESGADENER
LAND
Gern
Wimbachklamm
Untersberg
Hintersee

Eva-Maria Ilsanker

Nostalgische Reise durch das Berchtesgadener Land

Das Gebiet der ehemaligen Fürstpropstei auf historischen Ansichtskarten

Verlag Plenk, Berchtesgaden

Die Deutsche Bibliothek – CIP-Einheitsaufnahme

Ilsanker, Eva-Maria:
Nostalgische Reise durch das Berchtesgadener Land – Eva-Maria Ilsanker
Berchtesgaden. Plenk, 1995

ISBN 3-922590-97-7

NE: Ilsanker, Eva-Maria

Gesamtherstellung:
Verlag Anton Plenk KG, D-83471 Berchtesgaden, Reichenbachstraße 8

Alle Reproduktionen nach Postkarten aus der Sammlung
Eva-Maria Ilsanker, Bischofswiesen-München

Einband-, Innentitelgestaltung und Layout: Eva-Maria Ilsanker

Lithographien: Scan-Litho Gerhard Huber, Berchtesgaden

ISBN 3-922590-97-7

Inhalt

Einführung 7

Das Stiftsland 10

Der Markt Berchtesgaden 14

Salzberg 66

Au 86

Marktschellenberg 94

Maria Gern 108

Bischofswiesen 118

Ramsau 146

Schönau 180

Königssee 186

Der Watzmann 228

Postkartenverlage und Druckereien 238

Literaturverzeichnis 239

Berchtesgaden.
„Wen Gott lieb hat, den läßt er fallen
in das Berchtesgadener Land"
(Ganghofer Martinsklause)

Einführung

Das Berchtesgadener Land zählt mit zu den ältesten Fremdenverkehrsgebieten Europas. Bereits der letzte Fürstpropst, Joseph Konrad Freiherr von Schroffenberg, war um dessen Förderung bemüht, nachdem er gegen Ende des 18. Jahrhunderts auf einer Reise durch die Schweiz den dort allmählich einsetzenden Fremdenverkehr kennengelernt hatte. Aufgrund der landschaftlichen Gegebenheiten und Bedingungen, unter denen die Einwohner lebten, erkannte er durchaus Parallelen zu Berchtesgaden. In der Folgezeit organisierte er den Verkehr mit „Stellwagen", den frühen Vorläufern der heutigen Omnibusse, sowie den Besuch des Salzbergwerks, zudem erließ er Richtlinien für Preise der Königssee-Schiffahrt und in den Gasthäusern und er begann mit der Werbung für das Land. Mit der Aufklärung kamen zahlreiche Schriftsteller, Naturforscher und Maler, besonders die „Romantiker" zog es in Scharen an, wie Julius Schnorr von Carolsfeld, Caspar David Friedrich, Joseph Anton Koch, Ludwig Richter, Karl Rottmann, den Architekt und Maler Karl Friedrich Schinkel, um nur einige zu nennen.

Die Wittelsbacher, seit 1806 Könige von Bayern, entdeckten das 1809 dem Königreich zuerkannte und seit 1816 endgültig zu Bayern gehörende Berchtesgaden als Jagdrevier und Sommerfrische, und mit ihnen kamen weitere Adelige, Künstler und Gelehrte. Doch Biologen, Geologen, Geographen, Ingenieure und auch Militärs bereisten das Gebirge nicht zuletzt auch deswegen, um die Möglichkeiten einer volkswirtschaftlichen Erschließung auszukundschaften. Bildungsreisen kamen in Mode, aber noch für lange Zeit war das Reisen ein Privileg für die „gehobenen Stände". Immerhin muß um das Jahr 1837 der Andrang der Reisenden so groß gewesen sein, daß in diesem Jahr in Berchtesgaden ein Büchlein mit dem Titel „Der uneigennützige und sichere Wegweiser für Reisende in Berchtesgaden" erscheinen konnte. Von 1848 an wird Berchtesgaden in allen Auflagen von Baedeckers „Handbuch für Reisende durch Deutschland und den Österreichischen Kaiserstaat" beschrieben, was sicherlich eine nicht unerhebliche Werbewirkung ausstrahlte. Der Bau der Eisenbahnlinie München-Wien über Salzburg, 1862 vollendet, sowie der Anschluß Freilassing-Reichenhall ab 1866 brachten bereits einen gewissen Aufschwung: An schönen Sommertagen fuhren zahllose Kutschen, überwiegend von Salzburg, um den steilen Paß Hallthurm über Reichenhall zu vermeiden, nach Berchtesgaden und weiter zum Königssee. Besonders nach dem Krieg 1870/71 setzte lebhafter Fremdenverkehr ein, wozu auch die Arbeit des am 24. Juli 1871 gegründeten „Verschönerungs-Vereins Berchtesgaden" einen wesentlichen Beitrag leistete. Vom Verschönerungs-Verein ging die Initiative aus, die Berchtesgaden als „Sommerfrische, Luftkurort und Solebad" international bekannt machte. Von 1876, dem ersten Jahr der Fremdenzählung mit 1653 Kurgästen und 2679 „Passanten" (Gäste, die bis zu drei Tage Aufenthalt nahmen), stiegen die Besucherzahlen kontinuierlich an. Die 1888 fertiggestellte Bahnlinie Reichenhall-Berchtesgaden führte zu einer massiven Steigerung der Besucherzahlen.

Ein Unterkunftsverzeichnis aus dem Jahr 1889 weist 34 Hotels, Gasthöfe und Restaurationen auf, sowie 15 Pensionen und 151 private Vermieter mit insgesamt 1398 Betten. Es wurden bereits 5898 Kurgäste und 11561 „Passanten“ gezählt und es wurden 400 000 Postkarten mit den berühmtesten Motiven verschickt. Da liegt es nahe, das ehemalige Stiftsland einmal mit den Augen eines Touristen etwa ab der Zeit kurz vor der Jahrhundertwende bis in die 30er Jahre zu bereisen, und was bietet sich dazu mehr an als Ansichtskarten aus dieser Zeit?

Das damals noch junge Medium Ansichtspostkarte ist durch mehrere Reformen des Postwesens entstanden. Den Ausgang bildete die sogenannte „Correspondenzkarte“, die 1869 in Österreich und ab 1870 durch Heinrich von Stephan, Generalpostmeister des Norddeutschen Bundes, auch in Deutschland eingeführt wurde. Die Postkarte, wie sie ab 1873 genannt wurde, erfreute sich schnell großer Beliebtheit, denn seit 1872 brauchte sie nur noch mit dem halben Briefporto frankiert zu werden. Schon 1870 waren die ersten Ansichtsmotive auf diesen Karten zu sehen gewesen, die Fachliteratur nennt den Oldenburger Hofbuchhändler August Schwartz, der die Vorderseite einer Karte mit einem „Artilleriebildchen... mit kurzen launigen Versen...“ bedruckt hatte, als ersten. Die Entwicklung und Verbesserung der verschiedenen Drucktechniken, insbesondere die neue Technik des lithographischen Farbendruckes, machten die Ansichtskarte bald zu einem beliebten und überall erhältlichen Massenartikel, der weltweite Verbreitung fand.

Ansichten von Bade- und Kurorten, Hotels, Ausflugszielen, Themen des gesellschaftlichen Lebens und des technischen Fortschritts waren wohl die frühesten und auch häufigsten Motive auf Postkarten. Schon in den 90er Jahren des letzten Jahrhunderts hatte jeder Badeort und jedes Ausflugsziel seine eigene „Gruß aus...“ Karte, meistens mit zwei oder drei kleinen Farbansichten des jeweiligen Ortes und Platz für wenige Grußworte. Bis 1905 nämlich war eine Seite der Karte nur der Adresse vorbehalten, so daß Grüße und Mitteilungen an den Empfänger auf die Bildseite geschrieben werden mußten. Seit im späten 19. Jahrhundert das Reisen als Freizeitvergnügen einer breiteren Bevölkerungsschicht möglich geworden war, machte der Tourismus den Hauptanteil des Ansichtskartenverkaufs aus. So wie die Bildungs- und Bäderreisen sah das mittelständische Bürgertum das Versenden einer Ansichtskarte als unerläßliche Statushandlung, zudem waren diese Farblithographien ein reizvolles und preiswertes Reiseandenken. Diese „Gruß aus...“ Karten kann man als unmittelbare Vorläufer der heutigen Urlaubspostkarten ansehen. Doch welch graphische Kostbarkeiten wurden damals hergestellt, und welch großer Aufwand wurde getrieben bei den Quodlibetkarten und deren Ausschmückung!

Für die Namen der Künstler dieser zum Teil sehr schönen Farblithographien, die eigens für die Postkarte geschaffen wurden, interessierte sich zu dieser frühen Zeit niemand. Doch um 1897/98 erschienen die ersten Kartenserien mit Werken der bekanntesten zeitgenössischen Künstler, sowie mit Trachten-, Brauchtums- und Landschaftsdarstellungen nach Aquarell- oder Ölvorlagen. Bald schon hatte jeder größere Verlag seine „Erfolgsmaler“ wie z.B. Fritz Bergen oder Zeno Diemer für den Münchner Verlag Ottmar Zieher, die „Künstlerpostkarte“ trat ihren Siegeszug an. Bei Raphael Tuck & Sons in London erschienen in

den ersten Monaten des beginnenden Jahrhunderts mehrere kunstvolle Serien im lithographischen Farbdruck und als Prägedruck, die vor allem zum Verkauf als Reiseandenken gedacht waren. Bei dem gleichen Verlag wurde ab 1903 die berühmte „Tuck's Oilette“ herausgegeben, mit Staffelei und Palette als Markenzeichen, Reproduktionen in hervorragender Farbtreue, deren Oberfläche an Ölgemälde denken ließ. Die „Oilettes“ wurden bald ergänzt durch die „Weiteweite-Welt“ Postkartenserien, auf denen bekannt schöne Landschaften, Ortsansichten und Brauchtum der ganzen Welt abgebildet waren. Auch von Berchtesgaden sind verschiedene Serien dieser Firma erschienen, viele unsigniert, die Landschaftsdarstellungen jedoch signiert von Carl Schultze aus Düsseldorf. Da sich diese Ansichtskarten nach Gemälden der damaligen Landschaftsmaler größter Beliebtheit erfreuten, stieg deren Nachfrage, was es Hunderten von Künstlern ermöglichte, sich durch das Malen von Aquarellen oder Ölbildern für die Verlage ihren Lebensunterhalt zu verdienen.

Der in Berchtesgaden geborene Waldemar Kolmsperger soll angeblich mit einer der ersten gewesen sein, der sich der Postkarte als künstlerisches Medium bediente. Die vor dem Ersten Weltkrieg entstandenen Werke von Edward Theodore und Edward Harrison Compton, Aquarelle und Ölbilder im mittleren Format, wurden von dem Berchtesgadener Alpinen Kunstverlag Eugen Richter als Postkarten herausgegeben. Von K. Buschbaum gibt es eine Berchtesgaden-Serie, alles Handabzüge auf Bütten von Originalradierungen, jeder Abzug handsigniert, jede Karte ein Original, kleine Kostbarkeiten, die sicher nicht in allzu hohen Auflagen erschienen sind.

Am bedeutendsten für die Ansichtskarte aber waren die Berufsfotografen mit ihren Plattenkameras. Schließlich waren sie die einzigen, die authentische Landschafts- und Städtebilder herstellen konnten. Lokalfotografen gingen auf Motivsuche, und es entstanden Karten, die oft nur von regionalem Interesse waren, da sie Dinge des täglichen Lebens und Personen der näheren Umgebung wiedergaben. Zur richtigen Beurteilung des Werbe- und Nachrichtenwertes von Ansichtskarten schließlich muß man bedenken, daß in der Zeit bis zum Ersten Weltkrieg Zeitschriften kaum illustriert waren. Eine Amateurfotografie wie heute gab es praktisch überhaupt nicht, das Kino war in seinen Anfängen begriffen, an Fernsehen war noch gar nicht zu denken. Die Ansichtskarte war in einer heute kaum mehr vorstellbaren Weise der wichtigste Vermittler des optischen Eindrucks von Orten und Landschaften. Mit ihr vermittelte man Freunden und Verwandten ein Bild davon, wo man lebte und was man in der Fremde sah.

Die Ansichtskarte bleibt deshalb oft das einzige Bilddokument, welches uns noch heute eine stimmungsvolle und nachhaltige Vorstellung vergangener Zeiten vermitteln kann. Für dieses Buch wurde eine Zusammenstellung gewählt, die einen Eindruck von der Vielfalt des Stiftslandes vermitteln soll, die aber auch eine Vorstellung geben soll von den unzähligen Möglichkeiten, ein und dasselbe Motiv auf Ansichtskarten wiederzugeben. Um den Rahmen dieser Veröffentlichung nicht zu sprengen, konnte natürlich nicht alles Erwähnung finden. Dennoch ist es interessant, die fortschreitenden Veränderungen in der ehemaligen Fürstpropstei zu beobachten. Gehen wir also auf eine nostalgische Reise.

Selbhorn. Schönfeldspitze.
Königsee.
Kl.Watzmann. Gr.Watzmann.Gr.Hundstodt.Seehorn Hochkalter. Birnhorn.
Steinernes Meer
Lage d. Obersee
Hoh.Brett.
St.Bartholomä.
Maler-winkel.
Wimbach-Tal.
Wimbach-klam.
Hinter See.
Ramsau.
Hint. Schönau.
Königsee.
Unt. Schönau. Ober.
Strub.
Bischofs-wiesen.
Predigtstuhl
Berchtesgaden.
Hochtron.
Hallturm.
UNTERSBERG.
Oberstein.
Plain.
Schellenberg.
Marzoll.
Gr.Gmain.
Förstenbrunn.
Reichenhall
Eug. Felle.
BLICK ÜBER DEN UNTERSBERG GEGEN SÜDEN.

Berchtesgaden mit Königssee, Schönfeldspitze, Steinernes Meer, Watzmann, Hochkalter aus 2200 m
Fliegeraufnahme 14

Das Stiftsland

Das Gebiet der ehemaligen Fürstpropstei wird von mehreren Gebirgsstöcken und den dazwischenliegenden Tälern gebildet, genannt die „Berchtesgadener Alpen“. Umschlossen wird es im Osten und Westen durch die Flußtäler von Salzach und Saalach, im Süden vom Pinzgau mit dem Zellersee, im Norden von dem hügeligen Alpenvorland. Neun Gebirgsstöcke prägen das Gesicht dieser Landschaft, beginnend mit dem Untersberg im Norden, im Osten der Göllstock und das Hagengebirge mit den Gotzenbergen, im Süden mit dem bereits im Österreichischen gelegenen Hochkönig und das Steinerne Meer. Dieses setzt sich nach Nordwesten in den schroffen Formationen des Hochkalters fort, nach Norden hängt es mit den Kämmen der Watzmanngruppe zusammen, die sich von Süden in das Land hineinschiebt. Im Westen legt sich die Reiteralpe wie ein Riegel vor das Tal der Ramsauer Ache, das Lattengebirge im Nordwesten schließt wieder den Kreis zum Untersberg.

Inmitten dieser einzigartigen Landschaft hat sich im Rahmen der alten Reichsverfassung ein eigenständiger Territorialstaat unter einem Landesfürsten, dem jeweiligen Propst des Augustiner-Chorherrenstiftes, entwickelt. Die Keimzelle der Besiedelung liegt auf dem „Priesterstein“ über dem steil abfallenden Nordwestufer der Ache. Hier, wo sich hinter dem Zusammenfluß der Bischofswieser-, Ramsauer- und Königsseer Ache ein kleiner Talkessel bildet, beginnt das Hauptal der ab hier so genannten Berchtesgadener Ache. Von diesem zentralen Ort schoben sich die Wege und Siedlungen in die Bachtäler und deren Verzweigungen vor. Nach Norden zum einen entlang der Berchtesgadener Ache gegen Salzburg zu, zum anderen in das Tal der Bischofswieser Ache mit dem Paß Hallthurm an der engsten Stelle zwischen Untersberg und Lattengebirge. Nach Westen erstreckt sich das enge Ramsauer Tal, das sich vor dem Hintersee in zwei Arme aufspaltet: Nach Nordwesten zum Paß von Schwarzbachwacht, der zwischen den bewaldeten Ausläufern der Reiteralpe und des Lattengebirges liegt, sowie nach Südwesten das Klausbachtal zum Paß Hirschbichl, zwischen den zum Teil dolomitischen Felsformationen der Reiter Alpe und dem Hochkalter. Das nach Süden emporziehende Wimbachtal zwischen Hochkalterstock und Watzmanngruppe und der fjordartige Einschnitt des Königssees, der den Watzmann von dem Göllstock und den Gotzenbergen trennt, enden jeweils in wildromantischen Talkesseln vor steil aufragenden Felswänden.

Dieses steinerne Bollwerk war wohl der Grund dafür, daß man auf eine Befestigung des Hauptortes verzichtet hat, obwohl dessen Lage am Fuß von Kälberstein und Lockstein gute Möglichkeiten geboten hätte. Das ganze Land war bereits von der Natur mit Mauern umgeben, deshalb wurden lediglich die Hauptzugänge in die Fürstpropstei befestigt. Diese historischen Grenzen sind heute noch nachvollziehbar: Das nordwärts ziehende Berchtesgadener Haupttal, der einzige Zugang ohne Steigung mit seiner Öffnung gegen Salzburg, ist hinter Schellenberg am Paßthurm ab-

Berchtesgaden mit seinem Bergkranz

Berchtesgaden mit Hochkalter (2608 m)

sperrbar gewesen. Noch heute steht der guterhaltene Wachtturm als Zeugnis dieser Funktion. Der Paß Hallthurm, der sich gegen das Reichenhaller Talbecken öffnet und der wie die Paßübergänge von Schwarzbachwacht und Hirschbichl die natürliche und politische Grenze bildete, wurde ebenfalls befestigt.

Die einstige Abgeschlossenheit des kleinen „Landls“ ist in diesen ehemaligen Landesgrenzen begründet. Denn obwohl keiner der großen Orte wie Reichenhall oder Salzburg mehr als 15–20 km entfernt ist, ist Berchtesgaden doch eine Welt für sich geblieben, die in vielerlei Hinsicht eine eigenständige Entwicklung aufzeigen kann, wie Bauweise oder Brauchtum. Eine Besonderheit ist die Bildung von „Gnotschaften“, Zusammenschlüsse der oftmals weit auseinanderliegenden Höfe zu größeren Einheiten, die durch die topographische Lage vorgegeben waren. Ob diese Zusammenschlüsse von der Landesherrschaft aufgezwungen waren oder ob es eine freie Entscheidung der Bauern war, ist nicht zu klären. Bereits 1456 werden im ersten Berchtesgadener Steuerbuch acht „Gnotschaften“ aufgeführt, die bis zur Säkularisation 1803 bestehen blieben: Au, Bischofswiesen, Ettenberg, Gern, Ramsau, Salzberg, Scheffau und Schönau. Schellenberg war wie Berchtesgaden ein eigener Markt. Auch die Unterteilung in eigene „Gnotschaftsbezirke“ erscheint bereits 1456, diesen einzelnen Teilbereichen stand je ein „Gnotschafter“ aus den Reihen der Bauern vor. Nach dem Anschluß an Bayern und der politischen Bildung der Gemeinden vollzog sich nahtlos die Umwandlung dieser Gnotschaften in eigene Gemeinden, ihrerseits jetzt mit der Unterteilung der einzelnen Gemeinden in Gnotschaften, ausgestattet mit überlieferten Rechten. Aus der Gnotschaft Schönau wurden die eigenständigen Gemeinden Schönau und Königssee gebildet, die Märkte Berchtesgaden und Schellenberg kamen als eigene Gemeinden dazu. Die Gemeinde Ettenberg ist bereits 1911 als Gnotschaft in der Gemeinde Landschellenberg aufgegangen. Mit der Gebietsreform von 1972 fanden verschiedene Eingemeindungen statt. In diesem Buch soll im Allgemeinen die Unterteilung in die alten Gemeinden, wie sie um die Jahrhundertwende Bestand hatten, aufrechterhalten werden, mit einer Ausnahme: Die ursprünglich drei Gemeinden Marktschellenberg, Landschellenberg und Scheffau werden als die neue Gemeinde Marktschellenberg vorgestellt.

Fagstein
Steinernes Meer Schönfeldspitze 2651
Kl.-Watzmann Gr.- 2712
Königsee

Der Markt Berchtesgaden

Berchtesgaden liegt etwa im Zentrum der ehemaligen Fürstpropstei, am westlichen Hochufer und im Tal der Berchtesgadener Ache, kurz hinter dem Zusammenfluß der drei Achen. Gleichsam wie um ein Gelenk erstreckt sich die früheste Bebauung nordöstlich und südwestlich vom Stifts- und Schloßbezirk. Auf dem steil nach Osten in das Tal der Ache abfallenden Felsvorsprung am Fuß des Locksteins, dem „Priesterstein", wurde die Urzelle Berchtesgadens von Augustiner-Mönchen, ausgehend von Stift Rottenbuch, gegründet. Die im Jahr 1122 geweihte erste Kirche, wohl eine dreischiffige, flachgedeckte romanische Basilika, wurde um 1200 um eine breitgelagerte Doppelturmfassade erweitert. Etwa zur gleichen Zeit wurde der romanische Kreuzgang an der Südseite der Kirche errichtet, um den sich die mittelalterlichen Klosteranlagen gruppieren. Der im ausgehenden 13. Jahrhundert anstelle der romanischen Apsis nach Osten angebaute frühgotische Hochchor übertrifft das Langhaus an Länge und Höhe, er ragt steil über dem Tal auf. Die letzte für die Stiftskirche entscheidende bauliche Umgestaltung zur dreischiffigen Hallenkirche, die spätgotische Einwölbung mit einem Netzgewölbe über versetzt angeordneten Säulen, fällt in die Zeit von Propst Gregor Rainer (1508–1522). Zusammen mit dem 1458 im Westen errichteten Getreidekasten und dem Kassierhaus, sowie den beiden befestigten Toranlagen zum Marktplatz und Nonntal ergibt sich heute noch, in Verbindung mit der natürlichen Lage, der wehrhafte Charakter des Stiftsbezirkes, der bis zur Säkularisation ständig erweitert, einer Residenz entsprechend ausgestattet und nach der jeweiligen Mode umgestaltet wurde.

Südwestlich vom Stift entstand die geschlossene, zum Großteil im Kern noch mittelalterliche Bebauung des Marktplatzes. Auf dem nach Westen immer schmäler werdenden Ausläufer des Priestersteins, am Ortsbild gut ablesbar, drängen sich die stolzen Verlegerhäuser mit ihren zum Teil klassizistischen Stuckfassaden, die Giebelseiten zum Platz ausgerichtet. Den eigentlichen Platz markiert ein Brunnen, dessen erster Vorläufer 1558 in Holz als Wasserstelle für die Bewohner eingerichtet wurde. Der heute achteckige Brunnen wurde 1860 aus Untersberger Marmor neu errichtet, von seinem im Jahr 1677 aufgestellten Vorgänger stammt der Wappenlöwe auf der Brunnensäule mit neugotischem Zierat.

In direkter Nachbarschaft zur Stiftskirche, nur wenige Meter nördlich, ist auf der verbleibenden Fläche des Plateaus die bürgerliche Pfarrkirche St. Andreas entstanden. Sie wird urkundlich im Jahr 1359 in Zusammenhang mit einem Kapellenanbau erstmals erwähnt, was einen deutlich früheren Ursprung vermuten läßt. Ihre heutige Gestalt erhielt sie 1699, unter teilweiser Einbeziehung des gotischen Vorgängerbaus. Vor der Pfarrkirche mündete auch die alte Straße von Reichenhall, die über Bischofswiesen, Tanzbichl, Rostwald und den Doktorberg nach Berchtesgaden führte. Für eine weitere Bebauung stand nur noch der von hier nach Nordwesten weiterführende schmale Streifen am Fuß des Locksteins zur Verfügung,

Der Blick von der Locksteinstraße über das Nonntal gehört zu den häufigsten Ansichten. Hier eine Lithographie um 1890.

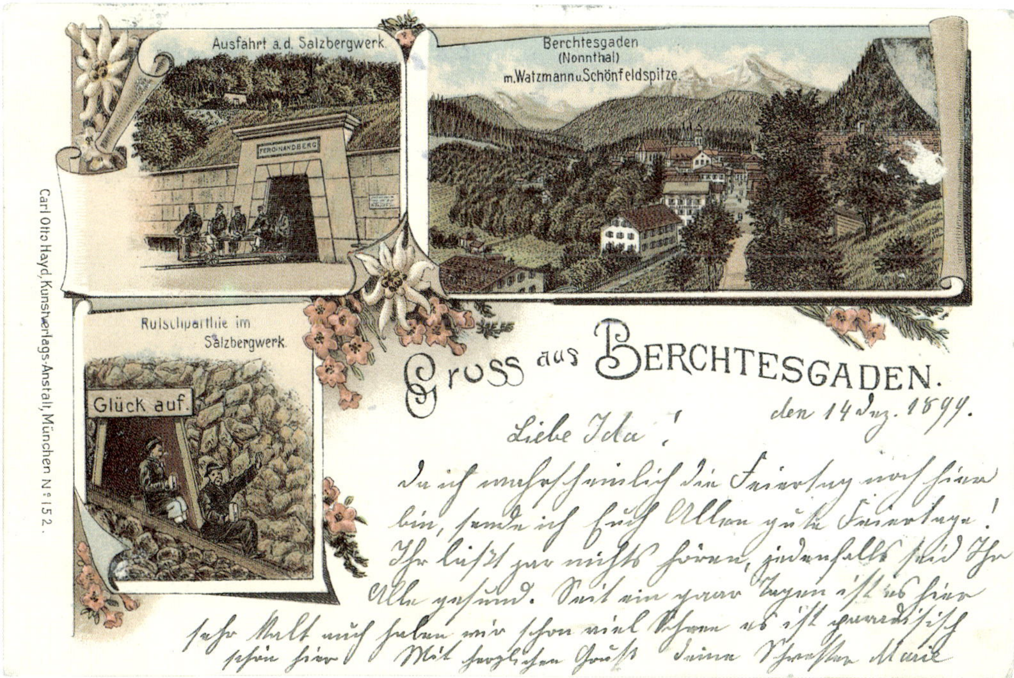

Lithographierte Potpourrikarte mit Blick über das Nonntal und zwei Motiven vom Salzbergwerk.

das Nonntal, benannt nach dem seit dem 12. Jahrhundert bestehenden Frauenkloster der Augustinerinnen, welches Ende des 13. Jahrhunderts an die Stelle des heutigen Franziskanerklosters verlegt wurde. Die bürgerliche Bebauung des Nonntals erfolgte hauptsächlich ab dem 17. Jahrhundert entlang der Hangseite, heute noch ein sehr malerisches Bild mit den unterschiedlich hohen giebelständigen Fassaden. Die Bebauung der südlichen Seite erfolgte erst ab der Mitte des 19. Jahrhunderts, hier, an der Ausfallstraße nach Salzburg, entstanden mit die ersten Bade- und Kureinrichtungen und Hotels.

Die weitere Ausdehnung entlang des Hochufers der Ache führte zunächst bis zum Franziskanerkloster mit der Kirche „Unsere Liebe Frau am Anger" am Fuß des Kälbersteins. Die spätgotische zweischiffige Hallenkirche, die als Klosterkirche für das bereits bestehende Frauenkloster bestimmt war, wurde mit Unterbrechungen von 1488–1519 erbaut, die barocke Kapelle im Osten wurde 1668–1673 angefügt. Erst 1692 kam der Turm als Glockenturm für den 1685 neuangelegten Friedhof dazu. Mit der Übergabe an die Franziskaner im Jahr 1699 erhielt die Kirche einen Dachreiter als Zeichen des Bettelordens. Der Friedhof spiegelt ein Stück aus Berchtesgadens Vergangenheit wieder, Namen der Besitzer von längst verschwundenen Lehen, Namen bedeutender Persönlichkeiten Berchtesgadens sind wie in einem Geschichtsbuch darin verzeichnet. Die zum Teil sehr schönen Grabdenkmäler machen mit der engen Belegung das stimmungsvolle Bild eines Bergfriedhofs aus. Der an der Peripherie liegende Klosterbezirk wurde mit dem Markt durch die Haberlgasse verbunden, die mit dem Bau der Königlichen Villa und der damit einhergehenden Straßenverlängerung in Maximilianstraße umbenannt wurde. Erst der Bau der neuen Reichenhaller Straße über Stanggaß von 1849 bis 1852 ließ hier ab dem ausgehenden 19. Jahrhundert eine villenartige Bebauung mit Hotels und Cafés entstehen. Die Bebauung der Talsohle erfolgte hauptsächlich erst mit Beginn des 20. Jahrhunderts, da entlang des Hochufers nur wenig Ausdehnungsmöglichkeit bestand. Saline, Frauenreuthmühle und Bräuhaus waren dort über Jahrhunderte die einzigen Baulichkeiten, da sie aus betriebstechnischen Gründen die Nähe der Ache benötigten.

Frühe Fotokarte von Berchtesgaden, Aufnahme vor 1895.
Links unten neben dem Hofbräuhaus das Brunnhaus Pfisterleite. Links neben dem Hochchor der Stiftskirche steht noch das 1895 abgebrochene Bibliotheksgebäude des Stiftes.

Künstlerpostkarte von K. A. Buschbaum nach der Vorlage einer älteren, um 1885 entstandenen Fotografie.
Handabzug auf Bütten von Originalradierung, mit originaler Bleistiftsignatur des Künstlers.
Das Hotel Bellevue noch vor dem Umbau, mit Satteldach.

Berchtesgaden bei Sonne …

… und bei Regen, mit launigem Spruch. Beide Karten um 1905.

Das Nonntal um 1910. Am linken Bildrand, am Fuß der Pfisterleite, die Gebäude des 1906/1907 neuerbauten Hofbräuhauses.

Künstlerpostkarte nach einem Ölgemälde von H. Treiber, erschienen bei dem Berchtesgadener Verlag Karl Ermisch. Das Gebäude im Vordergrund links hat in dieser Form nie bestanden.

Das Nonntal auf einer 1908 herausgegebenen Karte.
Die bergseitige Häuserzeile fast durchgehend noch mit Legschindeldächern. Rechts unten ein Bildausschnitt mit einer jungen Frau, die zum sonntäglichen Kirchgang in die Tracht gekleidet ist.

Blick vom „Schachernkreuz", der Abzweigung „Salzburgerstraße – Locksteinstraße", in das Nonntal.
An der linken Straßenseite „Dependance Bellevue", das ehemalige Hotel „Salzburger Hof", traufständig dahinter das 1978 abgebrochene Hotel Bellevue.

Schon früh beherrschten die Hersteller von Ansichtskarten die Fotomontage.
Hier ist eine zweite Ansicht als Hintergrund unterlegt. Watzmann und Grünstein sind von diesem Standort aus in einem anderen Blickwinkel, die beiden Kirchen gar nicht zu sehen.

BERCHTESGADEN
VOM LOCKSTEIN.
NONNTHAL.
GRUSS aus BERCHTESGADEN
Druck u. Verlag v. Louis Glaser, Leipzig
3605.

GRUSS aus Berchtesgaden
Ottmar Zieher, München.

Das verschneite Berchtesgaden vom Weinfeld aus, mit einem Skiläufer. Am Weinfeld befand sich schon um 1910 ein Ski-Übungsgelände.

Vom Lockstein hat man den wohl beeindruckendsten Blick über den Markt, hier um 1906. Im Vordergrund links der Schloßplatz mit Stiftskirche, davor, von Bäumen halb verdeckt, die Pfarrkirche St. Andreas. Am unteren Bildrand das 1873 – 1875 an Stelle der Schrannenhalle erbaute Rathaus. Auf dem Rathausplatz wird noch der Schrannenmarkt abgehalten.

Originallithographie
von Kare Schmidt – Wolfratshausen

Blick vom Soleleitungssteg nach Nordosten über die Dachlandschaft des Marktes auf Schloß und Stiftskirche, um 1930.

Das südwestliche Berchtesgaden vom Soleleitungsweg aus, vor der Kulisse von Kehlstein, Hohen Brett und Jenner, um 1930.

Bildstock aus dem 16./17. Jahrhundert am Fuß des Doktorberges in der Nähe von Haus Nr. 4.
„In die Berg bin ii gern.
Da freut mi mein Gemüt.
Wo die Almroß wächst,
und Edelweiß blüht.“

Die Stiftskirche vom Rathausplatz aus. Im Vordergrund der Rentamtsbogen, der den Schloßplatz nach Norden sperrte.

Der Schloßplatz von Süden mit der Stiftskirche St. Peter und Johannes der Täufer.
Links das ehemalige „Kastengebäude“ mit seinen Erdgeschoßlauben, rechts die ehemaligen Konventsgebäude, seit 1818 im ältesten Teil der Sommersitz für König Maximilian Josef.

Blick über den Schloßplatz nach Norden auf den Lockstein zu.
Der 1458 erbaute Getreidekasten wurde 1558 zu dem bestehenden Arkadenbau umgebaut. Das Monumentalfresko des Kriegerdenkmals schuf 1929 Josef Hengge aus Kempten. Rechts neben dem Rentamtsbogen die ehemalige fürstliche Stallmeisterwohnung, dahinter der Turm der Pfarrkirche St. Andreas.

Blick aus den Arkaden auf die Westfassade der Stiftskirche. Die Türme wurden 1865 – 68 durch den Architekten Heinrich Hübsch im neuromanischen Stil neu errichtet.

Hochzeitszug über den Schloßplatz, um 1905. Die Sonnenuhr am Arkadenbau wurde 1701 angebracht. Im Hintergrund der Schloßbogen und die Ende des 18. Jahrhunderts errichteten, vermutlich wegen der Säkularisation nicht ausgebauten Bauteile des Schlosses.

Östlicher Flügel des romanischen Kreuzganges mit Blick auf das südliche Seitenportal des Hochchores. An den Wänden Grabplatten und Gedenktafeln der Chorherren.

Nordöstliche Ecke im Kreuzgang. Grabplatte der 1608 im Kleinkindalter verstorbenen Maria Jacobe Sollin.

Nordostecke des Kreuzganges, Portal zum Hochchor, davor großer romanischer Löwe mit lombardischem Einfluß. Der Löwe trägt ein Renaissance-Weihwasserbecken, das in den 30er Jahren entfernt wurde. Rechts der Aufgang zum ehemaligen Dormitorium.

Blick vom „Priesterstein" an der Südostecke des Konventsgebäudes zum Watzmann.
Den Renaissancebrunnen mit Venusfigur um 1550 ließ Kronprinz Rupprecht aus dem Schloß von Neuburg a. d. Donau hierher versetzen.

Der Marktplatz nach Westen mit Blick auf die Kalvarienbergkapelle, um 1905. Der Marktbrunnen wurde in dieser Form 1860 errichtet.

Der Marktplatz nach Süden. Links der Gasthof Neuhaus, in der Bildmitte das „Hirschenhaus", bis zu seinem Umbau 1892 – 94 durch August Thiersch das Gasthaus „Zum Hirschen", vorher „Haus an der Pruggen". An der Westfassade zur Metzgerstraße bemerkenswerte Renaissance-Malereien um 1600.

Südliche Häuserzeile des Marktplatzes, um 1930.

Der Marktplatz an einem Sonntag nach dem Kirchgang, um 1907.
Hier traf sich die Bevölkerung auch der umliegenden Gemeinden zum Austausch von Neuigkeiten. Die Hüte der Buben und Männer sind, wenn überhaupt, mit Adlerflaum geschmückt.

Das „Neuhaus-Eck“ mit Haus Grüsser, Altem Schulhaus und Gasthof Neuhaus mit dem Neuhausbogen.
Der Gasthof wurde 1576 unter Fürstpropst Jakob II. Pütrich zu Stegen als Stiftstaverne erbaut und bildete die Begrenzung zwischen bürgerlichem und geistlichem Bezirk.

Blick vom Soleleitungssteg über der evangelischen Kirche nach Nordosten zum Markt, um 1910.

Der Marktplatz nach Nordosten, auf den Gasthof Neuhaus zu.
Zu beiden Seiten die im Kern spätmittelalterlichen Häuser der damaligen „Verleger“, einige Fassaden mit Empire-Stuckierung des beginnenden 19. Jahrhunderts.

Blick auf die Westseite der Metzgerstraße, 1908.
Die Gestaltung der Fassaden weist sie eindeutig als untergeordnete Rückseiten aus. Die am unteren Bildrand aufscheinenden Dächer gehören zu den ehemaligen Fleischbänken der Metzger, die der Straße ihren Namen gaben.

Schloß Fürstenstein, auf halber Höhe des Kälbersteins.
Lustschloß mit jetzt profanierter Rokokokapelle, erbaut 1760 von Fürstpropst Michael Balthasar Graf von Christalnigg, auf dem seinerzeit sogenannten „Georgenberg". Seit 1930 dem gegenüberliegenden Mayerhof als Lehrererholungsheim angegliedert.

Der ehemalige Mayerhof des Stiftes um 1925, erbaut 1799 durch Johann Anton Hasel. Seit 1908 Lehrererholungsheim.

„Trinkstube" im Lehrerheim.

Blick über das südliche Berchtesgaden von der Soleleitung aus auf das Hohe Brett zu.
In der Bildmitte die Franziskanerkirche, eigentlich „Unsere Liebe Frau am Anger". Die Kirche wurde zwischen 1488 und 1519 neben dem schon bestehenden Frauenkloster der Augustinerinnen erbaut. Der aus Kälbersteinmarmor errichtete Turm kam 1692 als Glockenturm für den Friedhof hinzu. Mit Übergabe der Kirche 1699 an die Franziskaner wurde der Dachreiter als Zeichen für den Bettelorden aufgesetzt.

Der Soleleitungssteg ist zum Teil als auskragende Brückenkonstruktion an die senkrecht abfallenden Felswände des Kälbersteins „geklebt".
Hier verlief seit 1817 die Soleleitung von Berchtesgaden über Ilsank, Ramsau und Schwarzbachwacht nach Reichenhall.

Die evangelische Herz-Jesu-Kirche, 1897/98 nach Plänen von August Thiersch aus Kälbersteinmarmor im neugotischen Stil erbaut, steht etwas erhöht über dem Ort.
Hier mit Blick auf die Franziskanerkirche, 1910.

Die evangelische Kirche vom Soleleitungssteg mit Jenner, Steinernem Meer und Watzmann.

Der nördliche Teil der Maximilianstraße mit dem Hotel Post Leuthaus, um 1906.
Die ehemalige „Postwiese" wird mit dem Bau der Lesehalle und der Wandelhalle zum Kurgarten.

Der 1685 neu angelegte Friedhof nördlich der Franziskanerkirche am Hl. Abend, um 1930.

Blick von der nördlichen Maximilianstraße auf die Franziskanerkirche.
Links das 1914 erbaute Haus von Sylvester Graßl, das Stammhaus der Enzianbrennerei nach dem Umzug von Unterstein nach Berchtesgaden. Rechts im Erdgeschoßbereich das Hofatelier „Fernande" unter seinem Besitzer Grainer.

Der hübsche Jugendstilbau der Lesehalle, erbaut 1906/07 nach Plänen von Franz Zell, München, mußte 1968 dem Bau des Kurhauses und der Tiefgarage weichen.

Paar in Berchtesgadener Tracht vor der Kulisse des Ortes.
Gemalt 1898 von Fritz Bergen, dem Erfolgsmaler des berühmtesten Münchner Postkartenverlages Ottmar Zieher.

Blick vom Franziskanerplatz nach Westen in Richtung Hotel Post, um 1912.
Das kleine Häuschen rechts im Vordergrund ist die ehemalige fürstpröpstliche Wachszieherei, Datierung im Türscheitel 1709, dahinter, mit dem Mansardendach, das 1910 erbaute Maleratelier von Schnitzschuldirektor Bernhard Wenig, im Anschluß daran sein Wohnhaus. Ganz rechts die an der Friedhofsmauer entlangführende „Baumgartenallee“.

Der südliche Teil der Maximilianstraße um die Jahrhundertwende, mit dem 1888 erbauten Graßl-Haus. Im Hintergrund rechts Café Rottenhöfer, erbaut 1896.

Etwa gleicher Blick wie vor, um 1910.
Die „Villa Graßl“ wurde 1905/06 angebaut. Rechts das 1899 – 1902 von Konditor Stephan Rottenhöfer erbaute Hotel Wittelsbach mit dem Fotoatelier von Karl Ermisch.

Hotel „Vier Jahreszeiten" in der Maximilianstraße, in den 20er Jahren.

Der Luitpoldhain wurde anläßlich der Aufstellung des Denkmals unterhalb der Königlichen Villa angelegt.

Der Distrikt Berchtesgaden ließ Luitpold (1821 – 1912), Prinzregent von Bayern, Sohn König Ludwig I., ein Bronzedenkmal setzen, das von Oskar von Miller gefertigt wurde. Die Enthüllung erfolgte am 3. September 1893.

*Die „Königliche Villa", erbaut 1849 – 1852 für König Maximilian II. von Bayern (1848 – 1864) nach Plänen von Ludwig Lange.
Mächtige Rundbogensubstruktionen aus rotem und grauem Marmor, darüber die Villa im „Maximilians-Stil". Um 1930.*

Hotel-Pension „Kur-Cafe Kgl. Villa" Berchtesgaden M. Lochner

Innenraum der seit 1927 als Café genutzten Villa.

Jubiläumskarte „100 Jahre Königreich Bayern".

Der „Cafésaal" im Kur-Café Königliche Villa, um 1930.

Das ehemalige „Cur- und Grand-Hotel", heute Hotel Berchtesgadener Hof, am Gmundberg.
Erbaut 1897/98 durch Architekt Brüchle.

Sogenannte „Ereigniskarte".
Auguste Viktoria, die erste Frau Kaiser Wilhelm II., hatte 1899 hier einen Sommeraufenthalt. Ihr zu Ehren wurde das Hotel in „Kaiserin Augusta Viktoria Kurhaus" umbenannt.

„Portland-Zementwaren und Kunststeinfabrik, Beton- und Eisenbetonbau“ von Erasmus Ilsanker, am Hauptbahnhof in Berchtesgaden, um 1930.

„Hotel Schwabenwirth“ am Bahnhof, um 1898. Vorne die 1893 erbaute „Adelgundenbrücke“.

Das Bahnhofsgebiet auf einer Ansichtskarte von 1910.
Hier liegt der Zusammenfluß der Bischofswieser- und der Königsseer Ache, die ab hier Berchtesgadener Ache heißt. Links der Triftplatz, dahinter der Königsseer Bahnhof. In der Bildmitte das Hotel Bahnhof, unmittelbar dahinter die Frauenreuth-Mühle und -Bäckerei, rechts daneben die Post. Im Hintergrund dieser Gebäudegruppe der alte Bahnhof, am rechten Bildrand angeschnitten die Saline und rechts unten das Hotel Schwabenwirt.

Die Saline Frauenreuth auf dem heutigen Bahnhofsgelände, um 1907. Sie war von 1555 – 1928 in Betrieb, die Gebäude stammen aus dem Jahr 1821. Der Abriß erfolgte 1931.
Entlang der Bergkante die Maximilianstraße von der Königlichen Villa bis zur Franziskanerkirche.

Blick auf Berchtesgaden von Mitterbach aus, um 1905.
Im Vordergrund die Königsseer Ache mit dem Triftkanal und dem Holzhof, dahinter (von links) Bahnhofshotel, altes Postamt (1896 – 1937), Saline, rechts Hotel Schwabenwirt.

Von der „Sonnenpromenade“ überblickt man den bereits zur Gemeinde Salzberg gehörenden Ortsteil Mitterbach, mit der Bebauung entlang der Berchtesgadener Ache und der Königsseer Straße. Im Hintergrund Hohes Brett und Jenner. Am rechten Bildrand die 1893 erbaute Adelgundenbrücke vor dem Triftplatz.

Im Vordergrund der Triftplatz, links die Bahnlinie nach Königssee, die am 29. Mai 1909 eröffnet wurde. Die Linie wurde 1971 eingestellt. Dahinter das Postamt.

Das alte „Hotel Bahnhof", erbaut 1890, noch vor dem 1. Weltkrieg. Dahinter die Frauenreuth-Mühle und -Bäckerei, beide 1937 abgerissen.

Blick vom Oberherzogberg, um 1906. Im Vordergrund die Bahnhofstraße mit (von links) der in der 2. Hälfte des 17. Jahrhunderts erbauten „Hanserer-Kapelle", dem „Hatzel-Haus" und Hotel Bavaria. Entlang der Ache zweigt die Bergwerkstraße ab mit der alten Votzenschmiede, am rechten Bildrand das Hotel Bayerischer Hof.

Berchtesgaden vom Oberherzogberg aus, um 1905.
In der Bildmitte das Schloß, rechts davon die Bebauung des Nonntals am Fuß des Locksteins.

Das Achenwehr bei der Einmündung der Bergwerkstraße in die Bahnhofstraße, um 1910. Die „Hanserer-Kapelle“ und das „Hatzel-Haus“ wurden 1937 wegen dem Bau des Eisenbahntunnels für die Bahnlinie Berchtesgaden – Salzburg abgebrochen. Rechts das 1903 erbaute Hotel Bavaria.

Blick von der Bahnhofstraße über das Achenwehr auf das „Hansererlehen“, über die Ache führt der „Hansererstеg“, um 1908.

„Berufsfachschule für Holzschnitzerei und Schreinerei", gegründet 1853 als „Industriezeichenschule", vor dem 1. Weltkrieg. Hier war früher das Heimatmuseum untergebracht.

Blick über die Berchtesgadener Ache auf das Hofbräuhausgelände um die Jahrhundertwende.

Der Biergarten des Hofbräuhauses auf einer 1905 abgestempelten Karte. Das Hofbräuhaus wurde 1645 unterhalb der fürstpröpstlichen Residenz unter Fürstpropst Ferdinand (1594 – 1650) erbaut.

Künstlerpostkarte vom Bräuhausbiergarten, signiert „Kulstrunk“, herausgegeben 1922.

Im Biergarten des Bräu-stüberls, um 1910.

Blick vom Kranzbichl auf Berchtesgaden, über die Gebäude des 1906/07 neuerbauten Hofbräuhauses hinweg, um 1912.

Blick vom heutigen Bergwerkparkplatz auf Berchtesgaden. Im Vordergrund das schindelgedeckte Häuschen neben dem Anzenbachlehen des Salzbergwerkes, das vor dem Krieg abgerissen wurde.

Berchtesgaden von Nordosten, um 1901. Unterhalb der Franziskanerkirche das Hofbräuhaus, rechts davon das einstige Brunnhaus Pfisterleite, 1904 aufgelassen. Die seit 1817 in Betrieb gestandene Reichenbachsche Wassersäulenmaschine steht heute im Deutschen Museum in München.

Seit Beginn des 19. Jahrhunderts war diese Ansicht vom „Malerhügel" aus bevorzugtes Motiv, hier nach einem Gemälde von T. Guggenberger.

„Berchtesgaden mit Watzmann und Hochkalter", Künstlerpostkarte nach einem Aquarell von Edward Harrison Compton.

Salzsteingrotte im Bergwerk zur Erinnerung an König Ludwig II., auf einer Ansichtskarte um 1900.

Salzberg

Das Gebiet der Gemeinde Salzberg, das sich östlich und westlich der Berchtesgadener Ache erstreckt, ist nur schwer zu erfassen. Der östliche Teil, im Norden vom Larosbach, im Süden vom Höllgraben begrenzt, wird bestimmt vom Kehlstein, um den sich die Besiedelung mit den Gnotschaften Untersalzberg I und II, Obersalzberg und Mitterbach gleichsam wie ein Sockel herumzieht. Bis auf 1100 m Höhe hat sich die Besiedelung im waldreichen Gelände auf alten Kulturflächen hinaufgeschoben. Wie keine andere Gemeinde im Stiftsland ist Salzberg mit dem Markt Berchtesgaden verzahnt: Der Gemeindeteil Mitterbach schiebt sich von den Westhängen des Kehlsteins, entlang der Königsseer und der Berchtesgadener Ache von Süden kommend, bis zum Markt vor. Auf der westlichen Achenseite umspannt die Gnotschaft Anzenbach das nordöstliche Berchtesgaden um den Lockstein, beginnend bei der Hilgerkapelle und dem Krankenhaus. Sie reicht über den Gerer Bach hinaus bis zu der Gnotschaft Metzenleiten, die im Norden anschließt und bis zur Kneifelspitze hinaufzieht.

Die früher kurz Berg genannte Gemeinde ist geprägt vom Salz, auf dessen Lagerstätten unter den nordwestlichen Abhängen des Kehlsteins die Besiedelung entstanden ist. Der Bergbau sicherte auch das Fortkommen der bäuerlichen Bevölkerung, da die meisten von ihnen aufgrund überlieferter Rechte als Bergknappen Arbeit fanden. Seit dem Jahr 1517, der Erschließung des Petersbergstollens, wird im Bergwerk ohne Unterbrechung Salz abgebaut. Der zweite Stollen wurde 1559 am Frauenberg angeschlagen, im Jahr 1628 folgte der Ferdinandberg, und fast 200 Jahre später, 1826, wurde der König-Ludwig-Berg erschlossen. Da das Salz nicht in reiner Form vorkommt, muß es in sogenannten Sinkwerken aus dem Haselgebirge ausgelaugt werden. Zur weiteren Verarbeitung wurde die Sole früher in die 7 km entfernte Saline Schellenberg und ab 1555 zusätzlich in die damals neueröffnete Saline Frauenreuth am heutigen Bahnhofsgelände geleitet, seit 1817 über die berühmte Reichenbachsche Soleleitung auch nach Reichenhall.

Seit den ersten Tagen des Fremdenverkehrs ist das Salzbergwerk, dessen Zugang in der Talsohle direkt neben der Berchtesgadener Ache liegt, die Hauptattraktion. Bereits Ende des 18. Jahrhunderts konnten Reisende das Salzbergwerk besichtigen, damals allerdings noch zu Fuß. Seit 1843 befördert eine eigene Grubenbahn die Besucher in eine faszinierende unterirdische Welt, durch das Höhlensystem ehemaliger Sinkwerke, vorbei an Marmortafeln zum Andenken an hohe Besucher, bis zu der Rutsche, die auf die Sohle der Kaiser-Franz-Halle führt, einem aufgelassenen Sinkwerk. Den Höhepunkt bildete von jeher die Fahrt über den Salzsee, vorbei an seinen beleuchteten Ufern.

Der Salzberg ist aber auch eine der Keimzellen des Fremdenverkehrs mit Mauritia „Moritz" Mayer als bekanntester Förderin. Sie hatte das in der Gnotschaft Obersalzberg gelegene Steinhauslehen 1877 erworben, als Landwirtschaftsbetrieb weitergeführt und in eine Fremdenpension umge-

Im Gemeindeteil Anzenbach nördlich des Locksteins liegt das ehemalige „Bezirks-Krankenhaus", heute Kreiskrankenhaus, auf einer ehedem zum Hilgerlehen gehörenden Wiese. Gebaut 1902/03 nach Plänen von Gabriel von Seidl, 1959 – 1962 umgebaut und erweitert unter Aufgabe der neubarocken Fassade.

Bezirks-Krankenhaus Berchtesgaden

staltet, der sie den Namen „Pension Moritz" gab. Der neue Beherbergungsbetrieb in herrlicher Höhenlage zog viele Gäste aus aller Welt an, unter ihnen bekannte Schriftsteller, Maler und Musiker, reiche Fabrikanten, aber auch Mitglieder des europäischen Hochadels. Carl von Linde, ein ehemaliger Gast von Mauritia Mayer, erwarb 1884 das Baumgartlehen und ließ auf dem Grundstück die Villa Oberbaumgart und die Pension Antenberg erbauen. Seinem Beispiel folgten viele nach, und manch anderer ehemaliger Gast der „Pension Moritz" ließ sich für immer am Obersalzberg nieder, wie die Familie des Klavierfabrikanten Bechstein, oder der Maler Georg Waltenberger. Weitere Pensionen und Gaststätten entstanden, das Reizklima auf über 1000 m Höhe förderte die Errichtung von Sanatorien. Innerhalb weniger Jahre war inmitten der lockeren Streusiedlung so etwas wie eine dörfliche Bebauung entstanden.

Doch auch als frühes Wintersportgebiet war der Obersalzberg nicht nur bei der einheimischen Bevölkerung gefragt. Am Bodnerbichl gab es eine kleine Sprungschanze, und von hier aus führte auch eine Abfahrt über Antenberg, Lenzerfeld und Mausbichl zur Gollenbachbrücke. Einen besonderen Reiz übte seit ihrem Bestehen die Rodelbahn aus. Sie wurde von Moritz Mayer für ihre Gäste angelegt, und bald schon gehörten Rodelpartien, auch in mondhellen Nächten, zu den bevorzugten Vergnügungen.

Blick von der Gnotschaft Metzenleiten auf Göll und Brett.

Blick vom „Floderer", dem Achenwehr beim Salzbergwerk, auf Berchtesgaden. WIRO-Künstlerkarte, um 1910.

Der Berchtesgadener Talkessel von Untersalzberg aus, nach einem Ölgemälde von Christian Gottfried Hirsch.

Die Bergwerksgebäude gegenüber der Einfahrt, mit Hinweistafeln „Zum Damen"- bzw. „Zum Herren-Ankleidezimmer". Vor der Bergfahrt erhalten die Besucher Schutzkleidung: Männliche Besucher schwarze Hosen und schwarze Jacken, weibliche weiße Hosen und schwarze Jacken, Käppis und „Arschleder" sind für alle gleich.

Ausfahrt aus dem Ferdinand-Berg-Stollen, um die Jahrhundertwende.

Der umgestaltete und erweiterte Eingangsbereich.

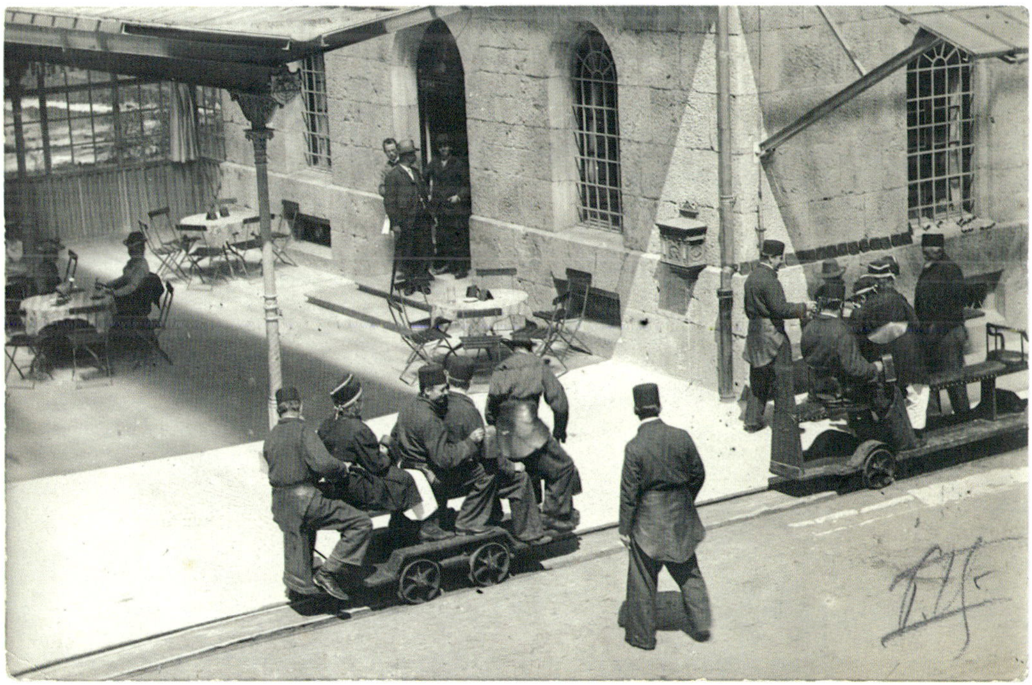

Auf der Straße zwischen den Bergwerksgebäuden und dem Stollen. Der Weg über der Einfahrt führt zum Atelier des Fotografen Paul Ney, von dem beide Karten um 1907 aufgenommen wurden.

Die Rutschbahn des Kaiser-Franz-Sinkwerks.

*„Hier im Stadtl Berchtesgaden,
Haben d'Mannsleut feste Waden,
d'Madl Leiber kugelrund,
Herrgott san die Leut so gsund".
Aufnahme aus dem Atelier von Paul Ney um 1900, verlegt bei Lehrburger, Nürnberg.*

Die Rutsche zum Kaiser-Franz-Sinkwerk, nach einem Aquarell von G. A. Brogle (1900 – 1966) aus Leverkusen, der sich 1925 in Berchtesgaden niedergelassen hatte.

Um die Jahrhundertwende wurden Besucher in flachen Booten über den Salzsee gerudert.

Das halb entleerte Kaiser-Franz-Sinkwerk bildet den „Salzsee“, ca. 100 m lang und 40 m breit, in der Mitte etwa 2 – 3 m tief.

Pension Alpenglühen an der Salzbergstraße, um 1910, in den 60er Jahren abgerissen.

Die Rodelbahn auf Höhe von Gasthof und Pension Steiner, um 1905.

Pension Moritz, um 1915.

Hotel Antenberg, 1904/05 durch Carl von Linde erbaut, wurde im 1. Weltkrieg Marinegenesungsheim.

Die 1885 errichtete Pension Regina (links), das spätere Kindersanatorium Dr. Seitz, und Forsthaus Vordereck, beide abgerissen 1937.
Beide Aufnahmen um 1900.

Das Bodnerlehen mit dem Bodnerbichl, vom Eckerbichl aus.

Das Weißenlehen am Obersalzberg, ganz rechts das Fichtenhäusl.

Topographische Karte vom Gebiet des Hohen Göll, um 1900.
Solche Postkarten waren beliebte Wanderkarten im Taschenformat.

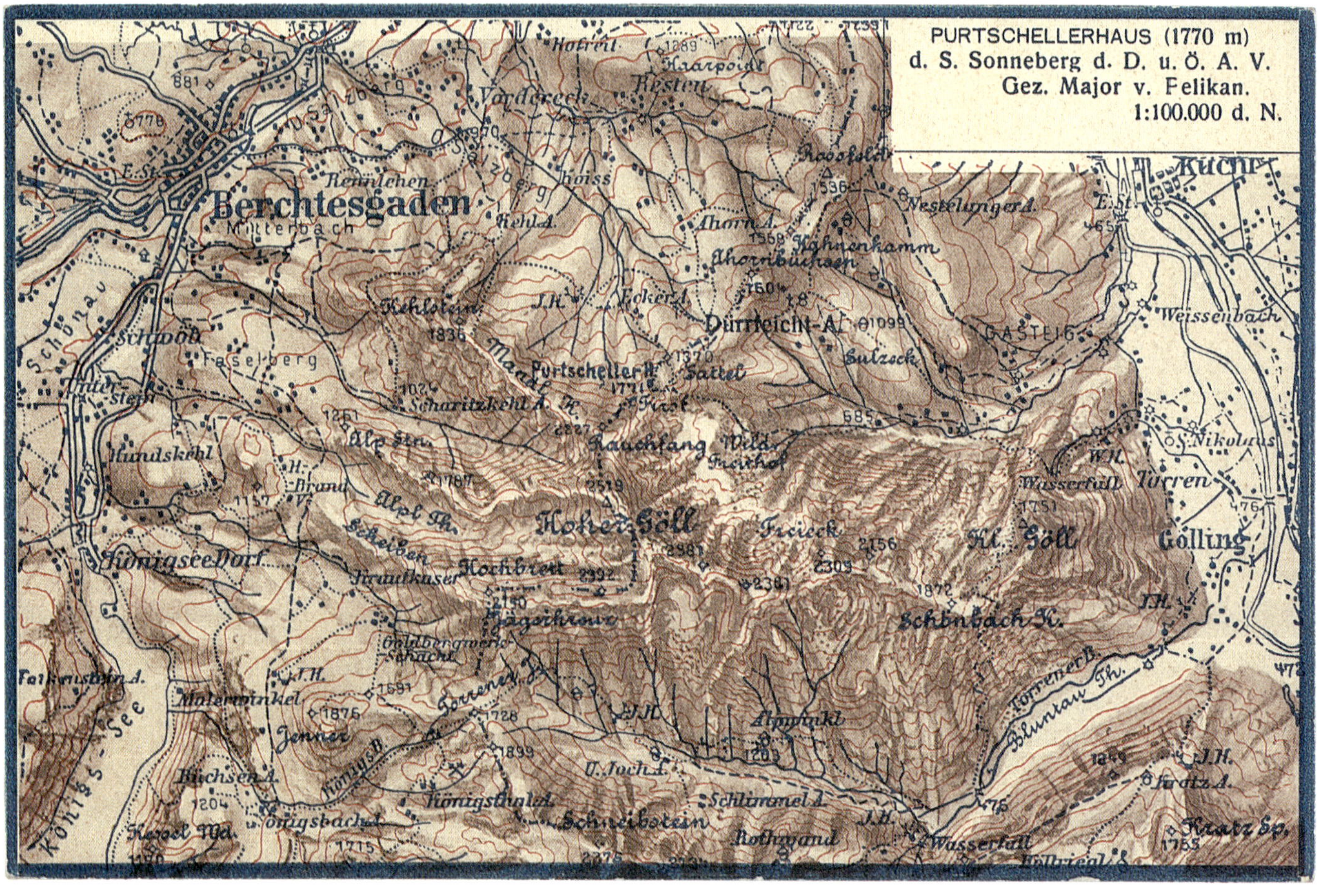

Die Ahornalm am Ahornbüchsenkopf, der Verlängerung des Eckerfirsts nach Norden.

Das im Jahr 1900 eröffnete Purtschellerhaus am Eckerfirst, um 1930. Im Hintergrund der Untersberg.

Hohe Göll vom Ofnertal.

Hohe Göll von der Dürrfeuchten-Alm.

Sämtliche von der Au aus zu sehenden Berge sowie alle größeren Gebäude sind auf dieser Karte von 1909 wie auf einem Prospekt zusammengefügt.

Au

Die ehemalige Gemeinde Au besteht aus den Gnotschaften Unterau, Oberau und Resten. Sie erstreckt sich nördlich des Larosbaches vom Tal der Berchtesgadener Ache bis zur Landesgrenze, die dem Kamm des nördlichen Ausläufers des Göllstocks folgt. Von den fruchtbaren Talböden der Unterau auf etwa 500 m Höhe zieht der bewaldete Zellergraben bis zum „Auerdörfl", wo sich einige wenige Häuser um die Kirche gruppieren. Hier weitet sich das Gelände zu einem sonnigen Hügelland, das bis weit in das 20. Jahrhundert nur mit wenigen, weit auseinanderliegenden Bergbauernhöfen und Kleinstanwesen bebaut war, die bis auf 1100 m Höhe hinaufreichten.

Hier in der Oberau liegen auch die Grenzübergänge Gmerk und Neuhäusl, die überwiegend von der einheimischen Grenzbevölkerung benutzt werden, insbesondere von den Auer Bergknappen, die in dem im Salzburgischen liegenden Dürrnberger Salzbergwerk in Arbeit stehen. Da ein Teil des Dürrnberger Abbaus bis etwa 1300 m in das Gebiet der ehemaligen Fürstpropstei reicht, liegt auf vielen Lehen und den vielen Kleinsthäusern und Güt'ln ein sogenanntes Bergrecht. Dieses Recht, im Salzbergwerk am Dürrnberg zu arbeiten wurde im Jahr 1274 statuiert, es sorgte von jeher für die wirtschaftliche Absicherung der Bevölkerung. Das Bergrecht ist zudem nicht an eine Person gebunden, sondern liegt unveräußerlich, manchmal auch für mehrere Berechtigte, auf den Anwesen. Bestätigt wurde es durch die Salinenkonvention von 1829, dem „ersten europäischen Staatsvertrag".

Noch bis zur Hälfte dieses Jahrhunderts war die Au eine überwiegend bäuerliche Gegend, der Fremdenverkehr setzte nur zögerlich ein. Doch die Almen am Roßfeld waren bereits in fürstpröpstlicher Zeit eine „Bergreise" wert. Der freisingische Hofmarschall Freiherr von Buginet du Croisettes, der in Diensten des letzten Fürstpropstes Josef Konrad von Schroffenberg (1780–1803) stand, liefert uns im Juli 1791 eine Beschreibung davon. Sogar Böllerschützen und Musikanten mußten den beschwerlichen Weg auf sich nehmen, um die hohe Reisegesellschaft gebührend zu unterhalten.

In der Au hatte der protestantische Glaube die meisten Anhänger gefunden, die 1733 bereits zum dritten Mal nach 1686 und 1731 zur Auswanderung gezwungen wurden. Etwa 90 Familien mit 600 Personen zogen in das hannoversche Gebiet, die verlassenen Hofstätten wurden mit geworbenen katholischen Zuwanderern besetzt, um eine totale Entvölkerung zu vermeiden. Erst im Jahr 1908 erhielt die Au eine Kirche, gebaut nach den Plänen der Gebrüder Rank aus München. Der Hochaltar mit dem Altarbild sowie der Leonhardsaltar wurden von den Gebrüdern Kolmsperger geschaffen, den Söhnen des bekannten Kunstmalers Waldemar Kolmsperger, einem gebürtigen Berchtesgadener.

Die Bahnstation „Au“ in Unterau, auf Höhe Reckensberg.
Die Bahnlinie Berchtesgaden – Schellenberg wurde am 16. Juli 1907 dem Verkehr übergeben, am 25. Juli wurde der Betrieb bis zur Landesgrenze aufgenommen, ab Juni 1908 konnte man ohne Umsteigen bis Salzburg durchfahren. Die Linie wurde 1938 eingestellt.

Gut Koppenleiten in der Unterau vor dem Brand im Jahr 1911.

Blick vom Lindenweg auf Berchtesgaden mit Watzmann und Hochkalter.

Das „Auerdörfl“ um 1930, vor dem Bau der Roßfeldstraße.

Gasthaus „Auerwirt“ und die 1908 errichtete Kirche, um 1928.

Aufführung
Schlangentanz
Kranz
Rolle
Berg
Brücke
Haldensturz
Stollen
Schwerttanz der Dürnberger Bergknappen, ausgeführt am 27. Juli 1913 in Au b. Berchtesgaden

Oberau im Sommer ...

... und im Winter, etwa vom gleichen Standort aufgenommen, um 1928, noch vor dem Bau der Roßfeld-Höhenringstraße. Blick auf die Kirche und das „Auerdörfl“. Im Hintergrund Watzmann, Hochkalter und Reiteralm.

Skifahrer auf dem Roßfeld, hier der Blick ins Salzachtal mit Dachstein und Tennengebirge.

Eine wunderschöne lithographierte Potpourrikarte von Schellenberg mit den verschiedenen Ortsansichten, der Almbachklamm und zwei Frauen in Tracht, im Jahr 1900 abgestempelt.

Marktschellenberg

Neben dem Markt Berchtesgaden ist Schellenberg die größte Siedlung im ehemaligen Stiftsland, etwa auf halbem Weg zwischen Salzburg und Berchtesgaden gelegen. Das malerische Ortsbild, das die einstige Blüte erahnen läßt, bestimmt noch heute den Charakter der fast urbanen Ansiedlung, die bereits im 13. Jahrhundert zum Markt erhoben wurde. In einer Schleife der Berchtesgadener Ache liegt der eigentliche Ortskern, entlang der ehemaligen Hauptstraße stehen die in ihrer Substanz noch mittelalterlichen Häuser mit den Giebelseiten zur Straße, zum Teil mit klassizistischen Stuckfassaden. Südlich der Flußschleife liegt eine mehr aufgelokkerte Bebauung mit der Pfarrkirche um einen Anger. Die in den Jahren 1869 bis 1871 neuerbaute, dem Heiligen Nikolaus geweihte Kirche wurde anstelle des baufällig gewordenen gotischen Baus errichtet. Bereits im 12. Jahrhundert wird eine Nikolauskapelle erwähnt, die zu Beginn des 15. Jahrhunderts dem Bau einer Pfarrkirche weichen mußte. Diese erhielt erst im Jahr 1511 ihren auch in den heutigen Kirchenbau integrierten Turm mit dem gotischen Westportal. Die neugotische Saalkirche enthält noch einige gute Ausstattungsstükke aus dem Vorgängerbau, wie die Christus- und Apostelfiguren, um 1440, von der ehemaligen Emporenbrüstung. Bemerkenswert ist eine im Chor aufgestellte große Kreuzgruppe mit den Schächern, das ehemalige Pestkreuz, vermutlich aus dem 17. Jahrhundert, das am nördlichen Ortseingang in einer Kapelle aufgestellt war.

Schellenberg verdankt seine Entstehung dem Salz, das Ende des 12. Jahrhunderts am „Tuval", dem vom Roßfeld nach Norden auslaufenden Höhenrücken entdeckt wurde. In der Nähe dieser Fundstelle hat sich der Ort entwickelt, dessen Lage nur bedingt natürlichen Schutz bot: An drei Seiten von der Ache umflossen, im Westen der Hochzinken, liegt die Ansiedlung im engen und hochwassergefährdeten Talgrund. Die erste urkundliche Erwähnung Schellenbergs ist aus dem Jahr 1211 bekannt. Die älteste Pfannstätte, 1194 erwähnt, war wohl direkt an der ersten Fundstelle eingerichtet worden, Mitte des 13. Jahrhunderts übernahm dann die Saline Schellenberg die gesamte Weiterverarbeitung, auch der Sole vom Gollenbach und Dürrnberg, die zum Teil in offenen Rohren, den „Sulzrinnen", zu der Saline geleitet wurde. Zum Schutz der Salzstätten gegen Übergriffe des Fürstbistums Salzburg wurde 1252 die Grenzbefestigung am Paßthurm errichtet, von der noch der gut erhaltene Wachtturm zeugt. Nachdem um 1300 der „Tuval", später auch das Bergwerk am Gollenbach wegen mangelnder Erträge aufgegeben wurde, hat man die Sole von dem im Jahr 1517 neuerschlossenen Petersbergstollen hier verarbeitet. Die gesamte Salzproduktion der Schellenberger Saline wurde über Salzburg in die Habsburgischen Länder verkauft. Die Unruhen der Napoleonischen Kriege von 1805, in deren Verlauf Berchtesgaden zu Salzburg kam, führten zur Schließung der Saline, wodurch für die Bevölkerung viele Arbeitsplätze verloren gingen. Als das Gelände zum Bau der Eisenbahnlinie Berchtesgaden–Salzburg benötigt wurde, hat man den zeitweilig als Fabrik für Salzsäcke genutzten Bau 1906 abgebrochen.

Blick von der Götschen über das Schellenberger Tal, um 1915.

Die ehemals selbständige Gemeinde Ettenberg mit ihren Gnotschaften Vorder- und Hinterettenberg ist bereits 1911 in der Gemeinde Landschellenberg aufgegangen. Westlich der Ache liegt auf einem schwer zugänglichen Plateau in etwa 850 m Höhe die jetzige Gnotschaft Ettenberg, unmittelbar unterhalb des Berchtesgadener Hochthrons. Um die barocke Wallfahrtskirche gruppieren sich ein Gasthaus, das bereits 1727 erwähnte Mesnerhaus, und einige wenige Bauernhöfe, die übrige Besiedelung liegt weit verstreut auf den Terrassen an den Abhängen des Untersberges. Die Wallfahrt begann um das Jahr 1670 zu einem wundertätigen Muttergottesbild an einem Baumstamm, an den bald eine kleine Holzkapelle angebaut wurde. Im Jahr 1699 wird eine Kapelle, vermutlich ebenfalls aus Holz, mit drei Altären und einem Kasten zum Aufbewahren der Meßgewänder erwähnt. Im Jahr 1724, unter Fürstpropst Julius Heinrich von Rehlingen (1723–1732), erfolgte der Neubau der Saalkirche mit eingezogenem, halbrund geschlossenen Chor. Die deutlich niedrigeren, ebenfalls halbrunden Seitenkapellen jeweils in Langhausmitte weiten den Raum. Eleganter, fast höfischer Bandlwerkstuck und Fresken, auf denen auch der Bauherr mit den Herren des Kapitels zu sehen ist, schmücken den hellen, lichten Innenraum mit den Stuckmarmoraltären. Auf der Westempore steht ein beeindrukkender, über 4 m hoher geschnitzter Christophorus in spätgotischem Duktus, wohl aus dem letzten Viertel des 17. Jahrhunderts. Der gedrungene, neuromanische Turm wurde erst 1834–36 angefügt.

Bereits 1969, noch vor der Gebietsreform, haben sich die Gemeinde Landschellenberg mit den weiteren Gnotschaften Götschen, Schaden, Unterstein und Schneefelden sowie die Gemeinde Scheffau mit ihren Gnotschaften Mehlweg, Neusieden, Oberstein und Scheffau mit der Gemeinde Marktschellenberg zusammengeschlossen. Landschellenberg und Scheffau besiedeln im wesentlichen die östlich der Ache gelegenen Berghänge, vergleichbar mit der Au. Auf den Kleinsiedlerstellen und den Bergbauernhöfen, besonders der Scheffau, liegen ebenso die Bergrechte für den Dürrnberg. Große Bedeutung hatte die Scheffau in der Marmorindustrie: Unweit des Grenzübergangs Zill nach Hallein liegt der Steinbruch, in dem hauptsächlich Werksteine für den Stollenausbau hergestellt wurden, aber auch viele Stützmauern, Grabsteine und Ausstattungsstücke in den Kirchen sind aus dem dort gebrochenen Material, dem Hallstätter Riffkalk, gefertigt. Hauptsächlich auf dem Gebiet der Scheffau lagen auch die mehr als 130 Kugelmühlen im Schellenberger Tal, die hauptsächlich die als Kinderspielzeug beliebten „Schusser" herstellten, die unter anderem als Schiffsballast verschickt wurden. Die letzte Kugelmühle Deutschlands, seit 1683 in Betrieb, ist am Ausgang der Almbachklamm zu besichtigen. Die wildromantische Almbachklamm war bereits mit dem Einsetzen des Fremdenverkehrs ein beliebtes Ausflugsziel im Berchtesgadener Land. An der „Theresienklause" wurde das Wasser zur Holzbringung aufgestaut, im Ausgangsbereich der Klamm konnte man bei der Holztrift zusehen. Unter Mitwirkung des „Verschönerungs-Vereins" und des Alpenvereins wurde der Triftsteig seit 1882 ausgebaut, zur endgültigen Erschließung im Jahr 1894 wurden Ingolstädter Pioniere eingesetzt, an deren Wirken drei Gedenktafeln in der Klamm erinnern. Seit dieser Zeit ist die Klamm auf ihre ganze Länge als Wanderweg begehbar. Im Jahr 1963 fand die letzte Holztrift statt.

Gegen den Untersberg, etwa vom Friedhof aus. Die Hänge bei Gut Friedensberg sich noch unbebaut. Aufnahme um 1905.

Marktschellenberg von Norden. Die Straße entlang der Ache ist zum Teil als Brückenkonstruktion ausgeführt.

Das große orange Walmdachhaus etwa in Bildmitte ist das alte Salinengebäude, das 1906 bei dem Bau der Bahnlinie abgebrochen wurde. Karte um 1900.

„Schellenberg mit Götschen" von Süden. Deutlich zu erkennen die Bahnlinie Berchtesgaden – Salzburg mit dem kleinen Stationsgebäude unterhalb der Kirche, um 1910.

Das Nagelkreuz am Kriegerdenkmal im Torbogen des Krügerhauses, geschnitzt von Hans Brochenberger. Die Kreuznagelung fand am 21. November 1915 statt. Im Hintergrund die Nepomuk-Brücke.

Lithographierte Potpourrikarte mit Motiven aus der Almbachklamm, um 1895.
Der Triftsteig durch die Klamm wurde 1894 zum Wanderweg ausgebaut, der die Klamm über z. T. in den Felsen gesprengte Wege und Brücken auf ihre gesamte Länge erschließt. Die Holztrift wurde 1968 eingestellt.

„Restauration zur Kugelmühle an der Almbachklamm", um 1920.
Am Eingang in die Almbachklamm liegt die seit 1683 bestehende Kugelmühle, in der mit Hilfe der Wasserkraft grob behauene Marmorwürfel zu Kugeln geschliffen werden. Das im Jahr 1907 eröffnete Gasthaus erwuchs aus einer Mauthmühle, die Wasserräder wurden 1924 abgetragen.

Kugelmühle - Almbachklamm
31

ALMBACHKLAMM

Berchtesgaden.
Almbachklamm.

Almbachklamm.

Gegenüber dem Sulzer Wasserfall, bei Steg 18, erinnert eine steinerne Gedenktafel „Schillers Rast“ an den Hauptmann Schiller der Ingolstädter Pioniere, die beim Bau des Weges durch die Klamm eingesetzt wurden.

Von der Hochterrasse von Ettenberg hat man einen herrlichen Blick auf die umgebende Bergwelt, hier nach Südwesten auf den Göllstock zu.

Die barocke Wallfahrtskirche Maria Heimsuchung mit dem angebauten Mesnerhaus und Gasthaus Mesnerwirt, gegen den Untersberg.

Blick etwa vom Grenzübergang Zill über die Scheffau nach Westen, um 1910.

Ganz links der Steinbruch Zill. Das Material der tiefen Schichten ähnelt dem Adneter Marmor. Karte um 1915.

Blick aus dem Gerner Tal nach Südwesten, mit Schönfeldspitze und Watzmann.
Radierung von K. Buschbaum.

Maria Gern

Die Gern ist eine lockere Streusiedlung, unterteilt in die Gnotschaften Vorder-, Hinter- und Obergern. Sie beginnt beim Austritt des Gererbachs aus der Klamm, wo noch Mitte des Jahrhunderts das „Etzerschlößl“ und die „Etzermühle“ standen. Die Straße führt durch die enge, schattige Klamm direkt auf das Kirchlein zu, das auf einem kleinen Plateau vor dem sich weitenden Tal steht. Baumgruppen und Hecken durchsetzen die Hänge und Bergmatten am Fuß des Untersberges, um den sich so viele Sagen ranken. An dessen Ostabhängen liegt das Quellgebiet des Gererbachs, der sich nach Süden zu seinen Weg nach der Berchtesgadener Ache sucht. Gefördert durch die Endlage der Gern, die den Durchgangsverkehr ausschließt, hat sich die ursprüngliche Art der Besiedelung in Einzelgehöften erhalten.

Die Wallfahrtskirche wurde in den Jahren 1708–1710 erbaut, die Einweihung erfolgte erst im Jahr 1724 nach Fertigstellung des Turms. Die Marienwallfahrt geht wohl auf die Zeit um 1600 zurück, sie hatte solchen Zulauf, daß die erste, um 1670 errichtete Kapelle, wohl in Holzblockbauweise, bereits 1680 einer größeren, ebenfalls aus Holz gebauten, weichen mußte. Zu Beginn des 18. Jahrhunderts – die Zeit der Wallfahrten hatte ihren Höhepunkt erreicht – war auch diese zu klein geworden und durch das heutige Rokokokirchlein ersetzt worden, einem freundlichen Bau mit bewegtem Grundriß. Er paßt sich in seiner Lage hervorragend den landschaftlichen Gegebenheiten an. Auf eine Ausrichtung nach Osten wurde bewußt verzichtet: Der von Berchtesgaden heraufsteigende Wallfahrer und Besucher wird von dem im Süden des Baus emporstrebenden Turm mit seiner markanten Zwiebel empfangen. Er wirkt klein vor der Kulisse der erhöht stehenden Kirche und der umgebenden Bergwelt. Das Innere wirkt heiter-beschwingt: Eine Saalkirche über elliptischem Grundriß, der mehrfach ausbuchtet und mit einem Muldengewölbe überdeckt ist. Der Altar mit der Gnadenbild-Madonna, 1666 von dem Gerer Wolfgang Huber geschnitzt, liegt im Norden. Bemerkenswert ist die reiche Ausstattung mit Stukkaturen, die einen üppigen Rahmen zu den Fresken bilden, sowie die vielen Votivbilder seit Bestehen der Wallfahrt. Beim Verlassen der Kirche erlebt man einen beeindruckenden Blick zu Steinernem Meer, Schönfeldspitze und Watzmann. Man sollte auch einen Blick in die unterhalb der Kirche liegende Ölbergkapelle werfen, die gleichzeitig mit dem Kirchlein erbaut und ausgestattet wurde.

Hinter der Kirche führt ein Wanderweg zur Kneifelspitze, von der aus sich ein unvergleichlicher Rundblick über die Bergwelt eröffnet. Von der Hintergern aus kann man den „Berchtesgadener Hochthron“ besteigen, den bayerischen Gipfel des Untersberges, mit dem Stöhrhaus unterhalb des Gipfels. Von der Hintergern aus führt der Weg auch nach Ettenberg und in die Almbachklamm.

Die Etzermühle unterhalb der Straße nach Maria Gern, um 1910.
Ein stattlicher, dreigeschossiger Bau, dessen Ursprung wohl im frühen 14. Jahrhundert anzusetzen ist und der im Kern aus dem 17./18. Jahrhundert stammt. Die Etzermühle war die größte Mauthmühle des Berchtesgadener Landes. Sie wurde 1967 u. a. wegen der Verbreiterung der Straße abgerissen.

Haus „Glückauf", das Erholungsheim der Bergwerkgesellschaft Wintershall, um 1930.
Ehemalige Villa des russischen Botschafters in Wien, Nikolaus von Maltzow, 1906/07 erbaut. Seit 1968 „Kurzschule".

Wallfahrtskirche Maria Gern mit Funtensee, Grünseetauern und Schönfeldspitze.

Die Decke der Kirche ist reich mit Akanthus stuckiert und mit Fresken durchsetzt, der Hochaltar mit Figuren der Hl. Anna und Joachim, im Auszug der Erzengel Michael.

Die Gern in den 20er Jahren gegen den Watzmann ...

... und gegen den Untersberg, um 1900.

Links im Bild das alte Bachgütl in Hintergern, um 1907, 1920 abgebrannt.

Gasthaus Theresienklause mit dem Untersberg.

Das 1898 – 1900 erbaute und 1912 erweiterte Stöhrhaus unterhalb des Berchtesgadener Hochthorns, mit 1972 m die höchste Erhebung des Untersberges.

Gipfelkreuz am Berchtesgadener Hochthron mit Blick nach Süden gegen Steinernes Meer und Watzmann.

Das 1915 neuerbaute Untersberghaus unterhalb vom Geiereck, jetzt Zeppezauerhaus benannt.

Das Gasthaus „Bachhäusl“ um 1900, vor der Kastensteinerwand. Im Hintergrund das Forsthaus.

Bischofswiesen

Bischofswiesen, mit dem Schellenberger Tal wohl eine der ältesten Siedlungsflächen des Stiftslandes, wird urkundlich zum ersten Mal am 8. Mai 1155 erwähnt. Der Stiftspropst von Berchtesgaden, Heinrich I., tauschte einen Hof zu Landersdorf in Niederösterreich gegen ein dem Salzburger Fürstbischof Eberhard I. gehörendes Stück Land am Fuß der Kastensteinerwand, die „Bischofswies". Die sechs Gnotschaften der bis zur Gebietsreform größten Gemeinde Berchtesgadens sind sehr unterschiedlich im Charakter: Das namengebende Bischofswiesen auf den weiträumigen Talterrassen, nach Norden die bäuerliche Streusiedlung Winkl mit dem Paß Hallthurm und dem davor liegenden Moos, nach Westen das auf dem Hochplateau gelegene Loipl, die sanft ansteigenden Wiesenflächen der Stanggaß, die Strub mit ihren Moos- und Hochmoorflächen und dem Böcklweiher, und schließlich die ausgeprägte Hanglage der Engedey, die schon im Tal der Ramsauer Ache liegt.

Von geschichtlichem Interesse ist der Paß Hallthurm. Hier, an der engsten Stelle des Tals, sind auf 693 m Höhe die Reste von ehemaligen Befestigungen zu sehen. Der nördlichste Punkt der Fürstpropstei hatte eine echte Sperrfunktion gegen Bayern und Salzburg inne, die ersten Anlagen gehen wahrscheinlich auf das Jahr 1193 zurück, bereits im Jahr 1194 ist die Grenzfeste urkundlich belegt. Auf dem in der Nähe liegenden Dreisesselberg im Lattengebirge stießen das Kurfürstentum Bayern, das Fürstbistum Salzburg und die Fürstpropstei zusammen. Dieser Grenzverlauf mit Salzburg war auch der Grund, daß 1816/17 die Soleleitung nicht auf dem kürzesten Weg über Hallthurm, sondern durch rein bayrisches Gebiet über die Ramsau nach Reichenhall geführt wurde. Erst im Grenzvergleich von 1851 wurde die ungünstige Situation bereinigt. Die kleine Paßbefestigung erlebte eine wechselvolle Geschichte, doch von den einstigen Wehranlagen mit Wällen, Mauern und Toren ist nicht mehr viel übriggeblieben. Der ursprünglich 12 m hohe Turm mit einem hölzernen Wehrgang unter dem Zeltdach wurde 1873 wegen Baufälligkeit um ¼ abgetragen. Das Torhaus mit dem bereits 1829 als Verkehrshindernis entfernten Falltor und dem 1834 abgebrochenen Halbtor wurde 1886 im Zuge des Baus der Eisenbahnlinie Reichenhall–Berchtesgaden ganz abgerissen. Auch von den gegen Reichenhall vorgelagerten Schanzen und Wällen ist kaum mehr etwas zu spüren. Lediglich ein Stück Mauer der alten Kanonenbatterie wurde von jüngeren Anbauten befreit und läßt zusammen mit dem Turmstumpf noch etwas von seiner alten Wehrhaftigkeit ahnen. Die kleine Kapelle von 1753 steht etwas verloren neben der Straße. Bereits 1875 schrieb der Schriftsteller Heinrich Noe den traurig stimmenden Satz: „Jetzt steht er als altes Gerümpel da, und wäre das Wirtshaus nebenan nicht, würde kein Mensch davon reden." Heute bildet der Paß Hallthurm, der seit dem Ausbau der Straße kaum mehr als solcher zu spüren ist, das Tor zum Berchtesgadener Land. Zwischen dem Untersberg zur Linken und dem Lattengebirge, das wegen seiner Form auch „Schlafende Hexe" genannt wird, zur

Paßhöhe Hallthurm auf einer lithographierten Potpourrikarte, um 1895.

Rechten, weitet sich der Blick über das Tal bis hin zu den schneebedeckten Gipfeln und Hochflächen der Übergossenen Alm.

Auf der „Bischofswies" unterhalb der Kastensteinerwand, auf den Wiesen des „Kastenlehens", wuchs der eigentliche Ort heran, ursprünglich eine bäuerliche Streusiedlung, mit einem kleinen Ortskern um Kirche, Schule und Rathaus, alle erst in den Jahren zwischen 1922 und 1928 erbaut. Die hübsche Landkirche, 1924–26 nach Plänen von Georg Metzendorf errichtet, hat in ihrem Altarraum einen eindrucksvollen neuzeitlichen Kruzifixus von dem Halleiner Bildhauer Jakob Adlhart. Auf den relativ weiten Siedlungsflächen von Bischofswiesen, die in den letzten Jahren stark bebaut wurden, bietet sich ein herrliches Panorama mit der gesamten Bergwelt des Berchtesgadener Landes. Bequeme Wanderwege führen zu den bereits um die Jahrhundertwende beliebten Ausflugszielen wie Kastensteinerwand, Aschauerweiher, Dietfeld und dem „Rostwald", so genannt nach dem „Rostweiher", dem früheren Namen des Aschauerweihers aufgrund der Farbe seines moorigen Wassers. Der „Maximilians-Reitweg" wurde auf Anordnung von König Maximilian II. Josef angelegt, er führt vom Aschauerweiher, unter altem Baumbestand, in reizvoller Landschaft nach Hallthurm.

Das Dachlmoos in der Strub besaß früher eine gewisse Bedeutung wegen seiner Tonvorkommen. Bereits Fürstpropst Josef Konrad von Schroffenberg hatte dort seit dem Jahr 1792 Lehm und Torf zur Herstellung von Töpferwaren und Ziegeln stechen lassen. Mitte des 19. Jahrhunderts hatte die Ziegelei, die bis etwa 1870 von der Saline geführt wurde, ihren größten Ausstoß. Doch die mangelhafte Qualität, besonders bei Dachziegeln, sowie der Anschluß Berchtesgadens an das Eisenbahnnetz führten dazu, daß die Ziegelfabrikation allmählich zurückging, bis sie 1906 endgültig eingestellt wurde. Noch heute sieht man bei Umbauarbeiten an alten Bauernhöfen, besonders der aus dem 18. und 19. Jahrhundert, im Natursteinmauerwerk die gelb marmorierten Ziegel aus heimischer Produktion, die hauptsächlich zum Mauern von Tür- und Fensterstürzen Verwendung fanden, da sie als alleiniges Baumaterial zu teuer waren.

In der Engedey steht noch das Brunnhaus Ilsank, in dem die größte Reichenbachsche „Wassersäulenmaschine" die Sole über eine Höhendifferenz von 356 m zur Reserve auf dem Söldenköpfl pumpte. In Anwesenheit von König Ludwig III. wurde am 5. Oktober 1917 das 100jährige Betriebsjubiläum der Solehebemaschine gefeiert, die erst 1927 durch eine modernere Anlage ersetzt wurde. Heute ist die Reichenbachpumpe im Salzbergwerk zu besichtigen.

Die Paßhöhe Hallthurm um die Jahrhundertwende ...

... und um 1930.

Hotel und Pension Hallthurm mit der Nikolauskapelle von 1753, um 1900.

Der Weiler Hallthurm wurde 1926 vom Gewerkschaftsbund Deutscher Angestellter angekauft, Hotel und Pension wurden zum Erholungsheim umgebaut.

Die „Steinerne Agnes“ im Lattengebirge.

Die weiten Wiesenflächen der Gnotschaft Winkl bei Hallthurm.

„Gasthaus Loipl mit Lattengebirge", um 1930. Auf dem Grundstück entstand 1978 eine Rehabilitationsklinik.

Blick über Bischofswiesen etwa vom Reißenlehen aus, vor 1922.
Entlang der Straße sind zu erkennen: Gasthaus Bachhäusl, das alte Zickllehen, Gasthaus Brennerbascht mit dem „Grutschenhäusl“, in Bildmitte Gasthaus Neuwirt. Im Vordergrund ist hinter den Bäumen das Bahnhofsgelände zu sehen.

Gasthaus Bachhäusl und Kirche vor Göll und Brett.

Die Kirche wurde 1924–26 nach Plänen von Georg Metzendorf gebaut, im Hintergrund links die Silhouette der „Schlafenden Hexe".

Das Gasthaus „Brennerbascht“ mit seinem Wirt Michael Mittner, um 1900. Der Name stammt von Bartholomäus Mittner aus Tirol, der sich um 1842 in Bischofswiesen niedergelassen hatte und eine Enzianbrennerei und ein Gasthaus betrieb. Sein Sohn und Nachfolger Michael war von 1888 – 1893 Bürgermeister von Bischofswiesen.

Gasthaus Brennerbascht mit „Salettl“, um 1900, vor Kastensteinerwand und Rauhen Köpfen.

„Almwirtschaft Kastensteinerwand“. Die beliebte Ausflugsgaststätte wurde um 1900 von den Geschwistern Schwaiger vom Datzmannlehen in Bischofswiesen erbaut.

Blick von der Kastensteinerwand über das noch unverbaute Bischofswieser Tal.

Blick von der Hinterau nach Westen, um 1926. Der Kirchturm ist noch eingerüstet. Vor der Kirche das Zickllehen, das dem Bau des Rathauses weichen mußte. In der „Handlung von Karl Weber" befindet sich heute das Gasthaus Watzmannstube.

Bischofswiesen vor dem Lattengebirge, um 1927. Das Rathaus ist noch im Bau. Links das Vorderaulehen, in der Bildmitte Hinterau.

Haus Ilsanker, 1937.
Im Erdgeschoß befand sich die erste Zahnarztpraxis in Bischofswiesen.

Blick vom „Tanzbichl" nach Westen, um 1926. Am linken Bildrand das 1968 abgebrochene Gasthaus Neuwirt. Im Vordergrund die alte Reichenhaller Straße, die bis 1854 die Verbindung nach Berchtesgaden über den Rostwald herstellte.

Das Aschauerweiherbad am Rostwald, um 1900. Der Weiher wurde als fürstpröpstlicher Fischweiher künstlich angelegt, 1880 wurde die Badeanstalt eröffnet, benannt nach dem benachbartem Aschauerlehen.

Das Bad nach dem vollständigen Umbau 1903.

Wunderschöne Lithographie vom Dietfeld, um 1895.
Auf der weiten Hochmoorfläche befand sich seit 1583 ein Mayerhof der ehemaligen Fürstpropstei, der mit der Säkularisation an Privatleute veräußert wurde. Unweit des Aschauerweihers befand sich bis in die 60er Jahre der „Dietfeldkaser", eine bereits um die Jahrhundertwende beliebte Ausflugsgaststätte.

Blick über das Unterthannlehen in Bischofswiesen auf den Watzmann.
An dieser Stelle überquert seit 1937/38 die Brücke der „Umgehungsstraße“ die Ache.

Junge Frau in Berchtesgadener Männertracht.
Elise Nissler, die spätere Frau des Wäschereibesitzers Franz Graßl, verschickte diese Karte 1909 an ihre Eltern und Geschwister in Wien.

„Franz Graßl'sche Waschanstalt", um 1930. Erste Wäscherei Berchtesgadens, gegründet 1876 im „Blumhaus" in Berchtesgaden.

Café und Pension „Schönfeldspitze" in der Stanggaß, unterhalb des Baderlehenkopfes, um 1910.

Landhaus Schönsicht

Blick über das verschneite Baderlehen gegen Göll und Brett.
Dieser typische Berchtesgadener Zwiehof wurde im 17./18. Jahrhundert erbaut.

Das Baderlehen wurde zeitweise als Café bewirtschaftet. Hier um 1928, mit Salettl.

Das Wohnhaus wurde 1990 abgebrochen, der Stallstadel bereits 1962.

Erasmus (1860 – 1930) und Justine (1865 – 1931) Ilsanker, Bauern vom Baderlehen.

Das „Rosthäusl“ an der alten Reichenhaller Straße, an der Nordseite des Baderlehenkopfes.
Das spätbarocke Arma-Christi-Kreuz in seiner ursprünglichen Form.

„Tuck's Oilette" vom Hotel Geiger in der Stanggaß, nach einer Vorlage von Carl Schultze, Düsseldorf.

Der „Schuhplattler" wurde erstmals 1897 in Berchtesgaden aufgeführt. Künstlerpostkarte um 1910.

Hotel Geiger, um 1910.
Vorne rechts das Spritzenhaus.

Am Böcklweiher in der Strub, im Hintergrund Göll und Brett.

Der „Friesenhof" in der Strub, um 1915.
Das Haus liegt am Abhang zur Ramsauer Ache. Von hier aus kann man das Hochplateau der Oberschönau überblicken.

Strub mit Watzmann und Hochkalter, um 1930.

Verschiedene Fotografien sind zu einer Potpourrikarte zusammengesetzt, um 1900.
Ilsank gehört zur Gnotschaft Engedey. Im Brunnhaus Ilsank befand sich die seinerzeit größte Reichenbachsche Solehebemaschine, die heute im Museum des Salzbergwerks steht.

Gasthaus Ilsank mit Hochkalter.

PENSION
Ilsank bei Berchtesgaden Bayerisches Hochland
9582
Monopol

Vom Brunnhaus Ilsank wurde die Sole über 356 Höhenmeter zur Reserve auf dem Söldenköpfl gepumpt.

Blick vom Söldenköpfl über die Schönau um 1930.

Reliefkarte von Berchtesgaden, 1912.
Entlang des Tales der Ramsauer Ache sind die Bischofswieser Ortsteile Engedey und Ilsank, sowie die Ausdehnung der Gemeinde Ramsau gut zu erkennen.

Gruss aus Ramsau
Verl. v. Anton Gegenfurtner, Berchtesgaden.

Ramsau

Das Ramsauer Tal ist wie kein anderes in Berchtesgaden vom Hochgebirge umschlossen: Im Süden ragen steil die Gebirgsstöcke von Watzmann und Hochkalter auf, im Westen liegt der Riegel der Reiteralpe, von Norden engen Lattengebirge und Toter Mann das Tal ein. Einzig der Göllstock im Osten scheint etwas Weite zu lassen. Hier entlang verlief die einst sehr bedeutende Salzstraße, die über Taubensee und Schwarzbachwacht ins Saalachtal führte und gleichzeitig die einzige Verbindung nach Westen mit dem Herzogtum Bayern darstellte. Bereits 1286 wird ein weiterer Weg durch das Tal der Ramsauer Ache erwähnt, der das Fürstbistum Salzburg mit seinen Besitzungen im Pinzgau sowie mit dem Pflegegericht Zell am See verband. Dazu mußte der Saumweg den Paß am Hirschbichl überwinden, der bis auf 1148 m hinaufsteigt.

Entlang dieser zu ihrer Zeit bedeutenden Handelsstraße entstand die Ramsau, die mit dem Siegelzeugen Heinrich von Ramsau 1295 zum erstenmal urkundlich erwähnt wird. Sie ist in die Gnotschaften Au, Antenbichl, Schwarzeck und Taubensee unterteilt. Das Gebiet der Ramsau beginnt bei der Roßhofschmiede am Mindlerbach, der die Grenze zur Gemeinde Bischofswiesen bildet. Hier wich die alte Saumstraße der engen „Preißenschlucht", benannt nach dem darüberliegenden Preißenlehen, über den ehemaligen „Kniepaß" aus, der sich nördlich über die Moränenhügel schob und bei der Wimbachbrücke wieder dem Verlauf der Ache folgte. Erst 1889/90 wurde die Straße von der Roßhofschmiede zur Wimbachbrücke durch diese Engstelle angelegt, damals wurde auch das Felsentor ausgesprengt. Durch die Enge der Schlucht beim Felsentor war die Ramsau eine vom Berchtesgadener Talkessel abgesonderte Welt für sich.

Der Ache entlang sind nun die touristischen Sehenswürdigkeiten aufgereiht, beginnend mit dem Felsentor und der engen Preißenklamm, die im Winter mit ihren vereisten Wänden und den langen Eiszapfen eindrucksvolle Bilder liefert. Beim Anfanglehen mündet der Wimbach in die Ramsauer Ache, das Wimbachtal mit der wildromantischen Klamm und dem „Grieß" nehmen hier ihren Anfang. Alte Karten bezeichnen das Grieß als „Thiergarten", so genannt wegen seines Wildreichtums. Das Wimbachtal war ein beliebtes Jagdrevier der Fürstpröpste und später der Wittelsbacher Fürsten. Etwa auf halber Strecke, unterhalb des Stanglahnerkopfes, ließ sich Fürstpropst Josef Konrad von Schroffenberg 1784 ein Jagdschlößchen bauen. Die am Ende des Tals liegende Wimbachgrießalm ist im Lauf der Zeit versandet, der ehemalige Kaser, inzwischen als Unterkunftshütte neu gebaut, diente seit 1924 als alpiner Stützpunkt für die „Naturfreunde" und als Brotzeitstation für Wanderer und Bergsteiger.

Das eigentliche Gebirgsdorf Ramsau ist aus einer Häusergruppierung um die ehemalige Stiftstaverne, den heutigen Oberwirt, im Talgrund der Gnotschaft Taubensee entstanden. Die Taverne wurde 1510 zusammen mit einem Badhaus neu errichtet. 1512 ließ Fürstpropst Gregor Rainer (1508–1522) unmittelbar daneben die Kirche er-

Die Roßhofschmiede am Mindlerbach, das erste Haus in der Ramsau. Benannt nach dem darüberliegenden Roßhoflehen. Um 1895.

Das „Felsentor“ wurde bei dem Straßenbau 1889/90 durch die „Preißenklamm“ ausgesprengt.

bauen, die den Heiligen Fabian und Sebastian geweiht wurde. Die Pfarrkirche mit dem Gebirgsstock der Reiteralpe im Hintergrund war und ist ein beliebtes Motiv für Maler und Fotografen, einen Besuch im Berchtesgadener Land verbinden nicht wenige automatisch mit diesem Blick. Die im Jahr 1610 notwendig gewordene Vergrößerung wurde 1611 mit dem Einbau des nachgotischen Gewölbes abgeschlossen, eine erneute Erweiterung nach Westen erfolgte 1697. Ihre endgültige Gestalt erhielt die Kirche 1700 mit dem Neubau des Turms. Im Inneren fällt besonders der Apostelzyklus an der Emporenbrüstung auf, Schnitzwerke des ausklingenden weichen Stils um 1420/30, vergleichbar mit den Figuren in Schellenberg. Der stimmungsvolle, ummauerte Friedhof wurde 1658 östlich der Kirche angelegt. Das Ensemble um die Kirche wird vervollständigt durch das Mesnerhaus und den Pfarrhof von 1659, aus der übrigen Bebauung hervorgehoben durch ihre hohen Schopfwalmdächer. Kurz hinter der Kirche führt der Weg zur „Kunterwegkapelle", einer bäuerlichen barocken Wallfahrt, die ihren Namen von einem Viehsteig für Kleinvieh, dem „Kunter", ableitet. Das Kirchlein wurde 1731 – 33 als Nachfolgebau für eine Kapelle errichtet. Der Salzburger Hofbaumeister Sebastian Stumpfegger komponierte die Zweikonchenanlage bewußt in die Landschaft: Der rechteckige Saalbau mit den nördlich und südlich angefügten Konchen, die mit Halbkuppeln und hohen Laternenaufbauten türmeartig das Schiff überragen, ist so in den Hang gestellt, daß die Westseite als Frontispiz über dem Tal aufragt. Zugunsten dieser Lösung findet der Altarraum mit dem imponierenden Hochaltar des Berchtesgadener Hoftischlers Christoph Tatz in der nördlichen Konche seinen Platz. Die Kirche ist aus dem vor Ort gebrochenen Nagelfluh gebaut, der als Baumaterial in Berchtesgaden große Bedeutung hat. Das feinere Material wurde zur Herstellung von Mühlsteinen verwendet, die ein begehrter Exportartikel waren. Wie das Bergrecht in Au und Scheffau lag auf den Bauernhöfen der Ramsau eine „Mühlsteinbrechergerechtsame".

Die Straße führt im Talgrund weiter durch den Zauberwald zum Hintersee. Die mit Moos und dikken Baumwurzeln überwachsenen Felsbrocken mit dem sich durchschlängelnden Klausbach gaben dem Zauberwald seinen Namen. Die Kessellage des Sees und die sich darin spiegelnden Berge waren zu Beginn des 19. Jahrhunderts mit der einsetzenden Hochalpenromantik für die Maler ein beliebtes Reiseziel. Besonders Carl Rottmann war seit seiner Salzburgreise 1822 von der Spiegelung des Hohen Göll im Hintersee fasziniert. Er brachte als erster das Motiv des Alpenglühens in seine Bilder ein, was zahlreiche Nachahmer fand. In der „Malerherberge" am Hintersee, dem Vorgängerbau des Gasthauses Autzinger, ist die „Malerchronik" entstanden. Der ehemalige Saumpfad auf den Hirschbichlpaß ist ein beliebtes Wanderziel.

Die abgelegenen Bergbauernhöfe der Gnotschaft Schwarzeck sind erst seit dem Bau der Verbindungsstraße Ramsau-Bischofswiesen besser zu erreichen. Bereits auf Paßhöhe der Schwarzbachwacht liegt der Taubensee, ein Hochmoorsee, der von unterirdischen Quellen gespeist wird. Dieses herrliche Feuchtbiotop bietet einer Vielfalt von Amphibien Lebensraum, im Frühsommer ist der ganze See mit blühenden Seerosen bedeckt. Nur wenige Meter weiter gelangt man zu der ehemaligen Grenze zwischen der Fürstpropstei und dem Herzogtum Bayern.

*Peter Hasenknopf vom Unterroßhoflehen betrieb zwischen 1910 und 1917 die Roßhofschmiede.
Hier mit Großnichte Else und Großneffen Erasmus Ilsanker.*

Das Roßhoflehen, eine „Übereinandergmoa“.

Die Brüder Felix, Alois und Peter Hasenknopf vor dem Zuhäusl beim Roßhoflehen, um 1905.

Peter Hasenknopf, „Roßhof-Peter“, mit seinem Motorrad, einer CITO A.-G., vor der Roßhofschmiede, um 1910.
Peter Hasenknopf war einer der ersten Motorradfahrer Berchtesgadens.

Die Wimbachklamm war urspürunglich eine Trift für die Saline Frauenreuth.

Durch die Klamm wurde 1847 ein Wanderweg eröffnet.

Blick in das Wimbachtal und auf das Steinerne Meer mit Hundstod und Palfenhörnern.

Im vorderen Wimbachtal.

Das „Wimbachschlößl" wurde 1784 durch Fürstpropst Joseph Konrad von Schroffenberg erbaut.
Es wurde auch gern von den Wittelsbachern als Ausgangspunkt für ihre Jagden im wildreichen Wimbachtal aufgesucht.
Heute Alpenwirtschaft.

Wimbachschlößl vor Schottmalhorn und Stanglahnerkopf, die zum Hochkalterstock gehören.

Die Wimbachgrießhütte unterhalb des Watzmanns, um 1918.

Die Wimbachgrießhütte, eine ehemalige Alm, die wegen Versandung aufgegeben wurde. 1924 wurde sie als alpiner Stützpunkt der Naturfreunde eröffnet.

Blick über das Ramsauer Tal nach Westen zur Reiteralm.

Blick vom Kunterweg nach Osten mit Göll, Brett und Schneibstein. Vorne rechts die Ramsauer Kirche.

Der wohl am häufigsten fotografierte oder gemalte Blick auf die Kirche St. Fabian und St. Sebastian vor der Reiteralm.
Karte verlegt 1911.

Partie entlang der Ramsauer Ache, um 1912.

Die Ramsau nach einem Ölgemälde von H. Hoffmann, abgestempelt 1921.

BAUERNHOCHZEIT IN DER RAMSAU BEI BERCHTESGADEN

Die Ramsau von Osten mit Blick auf die Mühlsturzhörner, um 1906.

Blick von Südosten mit Reiteralpe im Hintergrund, um 1900.

Pfarrhof und Kirche vor Hohem Göll, um 1900.

„Oberes Gasthaus Ramsau", um 1910.

Die barocke Wallfahrtskirche Mariä Himmelfahrt zu Kunterweg, erbaut 1731–33 durch den Salzburger Hofmaurermeister Sebastian Stumpfegger.

Die Ramsau nach Osten, mit Hohem Göll, um 1925.

Auf der Straße zum Hintersee beim Datzmannlehen, um 1910.

Die alte Straße zum Hintersee folgte den Nordhängen des Zauberwaldes. Blick von der alten Straße auf das Klauslehen und den Hohen Göll.

Im Zauberwald, um 1915.

Blick auf das Nordufer des Hintersees, um 1900.

„Göllspiegelung im Hintersee", Aquarell von E. Harrison Compton. Dieses Motiv erfreute sich seit Carl Rottmann großer Beliebtheit.

Gasthaus Hintersee
Hintersee mit Mühlsturzhorn
Anton Gegenfurtner, Berchtesgaden
Gruss aus Hintersee

Hintersee.
Gasthaus Auzinger u.
königl. Forsthaus g. d.
Mühlsturzhörner.

Hotel Post und Hotel Gamsbock am Nordufer des Sees, um 1915.

Blick über den Hintersee auf den Hochkalterstock.

Bayrischer Postillon mit Signalhorn auf der Postkutsche.

„Tuck's Oilette" nach einer Originalaufnahme von K. Ermisch, auf der alten Straße am Westende des Hintersees. Rechts das Hochkaltermassiv mit Wasserwandkopf, links Steinberg und Schärtenspitze.

Die Halsalm (ca. 1220 m) am Fuß der Mühlsturzhörner.

Von hier aus öffnet sich ein herrlicher Blick über den Hintersee und das Tal der Ramsauer Ache. Im Hintergrund das Bergmassiv des Göllstocks mit Kehlstein, Hoher Göll, Hohes Brett und Jenner.

Die Mühlsturzhörner von der Straße nach Hirschbichl gesehen, wegen ihrer Formationen auch „Ramsauer Dolomiten" genannt.

Umfriedetes Feldkreuz auf der Bindalm unterhalb des Hirschbichl-Passes mit Blick gegen die Mühlsturzhörner.

Blick von den Weideflächen der Halsalm nach Süden, über den Hintersee zur Hochkaltergruppe. In der Senke der Blaueisgletscher. Etwa auf halber Höhe zum Blaueis liegt die Schärtenalm.

Blick von der Schärtenalm gegen die Reiteralpe. Zwischen den Dächern ist das Nordufer des Hintersees mit seinen Hotels zu erkennen, um 1930.

Die alte Blaueishütte, gebaut 1922, gegen Hochkalter, Blaueisgletscher und Blaueisspitze. Die Berghütte wurde 1955 von einer Lawine bis auf die Grundmauern zerstört.

Blaueishütte vor Steinberg und Schärtenspitze.

BERCHTESGADEN — HOCHKALTER MIT BLAUEIS

Phot. F. G. Zeitz, Nr. 200.
Hocheisspitze, Blick gegen Südwesten (2523 m)

Bergpanorama m. Gasthaus u. Pension Zipfhäusl a. d. Deutschen Alpenstraße

Deutsche Alpenstraße beim Wachterl
Blick auf Watzmann und Hochkalter

Der von unterirdischen Quellen gespeiste Taubensee.

Auf der Paßhöhe von Schwarzbachwacht. Hier verlief die Grenze der Fürstpropstei Berchtesgaden gegen das Herzogtum Bayern.

Wirthschaft - Kohlhiesl

Wirthschaft Kohlhiesl

mein Quartier

Blick auf den Hohen Göll

Kohlhiesl

Gruss aus Schönau - Berchtesgaden

Trotzdem das Wetter nicht beständig und die Berge aber ständig in Wolken gehüllt sind, tut mir der hiesige 8tägige Aufenthalt doch recht gut. Es ist hier ein wunderbares Panorama: Hoher Göll Watzmann, Hochkalter, Mühlsturzhörner, Untersberg. Ab 1. bin ich wieder in München.

Herzliche Grüße Ihr C.

Schönau

Auf einem annähernd dreieckigen Plateau, das von der Königsseer und der Ramsauer Ache begrenzt wird, liegen die fünf Gnotschaften Unterschönau I und II, Oberschönau I und II und Hinterschönau, die sich bis zum Graben des Schapbachs im Westen ausdehnt. Die flachen Siedlungsterrassen fallen zu den Achen hin sanft ab, sie werden durch Hecken und alte Bergahornbestände gegliedert, die allerdings in den letzten Jahren durch die zunehmende Bebauung gefährdet sind. Wie auf einer Bühne erlebt man den Blick auf den Gebirgskranz, der hier etwas weiter zurücktritt.

Obwohl die Schönau einen für die Landwirtschaft günstigen Siedlungsboden bot, war die bäuerliche Bevölkerung besonders im Winter auf einen Nebenverdienst angewiesen. Bereits seit dem 15. Jahrhundert hatte sich in Berchtesgaden eine Art Hausindustrie für Holzwarenherstellung entwickelt, die sich schon bald spezialisieren mußte. Vor allem in der Schönau lag auf fast jedem Hof das Recht, einen Zweig dieser Handwerkskunst auszuüben. Interessante Aufschlüsse dazu liefert eine Auflistung der einzelnen Berufe in den historischen Gnotschaften aus dem Jahr 1652: In der Schönau waren von 181 „Berufstätigen" unter anderem 79 Drechsler, 37 „Gaderer", das sind Schreiner, 28 Bauern und 18 Holzknechte ansässig. Die Holzverarbeitung hatte also von jeher große Bedeutung, und noch heute ist die Schönau berühmt für ihre Filigrandosen und Spanschachteln. Aus Schönau stammte vermutlich auch der älteste Einwohner Berchtesgadens, Anton Adner, der mit der Kraxe die „Berchtesgadener Waar" bis nach Tirol vertrieb. Er verstarb 1822 im Alter von 117 Jahren, und König Maximilian I. ließ ihm auf dem Berchtesgadener Friedhof ein beeindruckendes Grabdenkmal setzen. Aus Unterstein stammt ursprünglich auch die Gastwirts- und Enzianbrennerfamilie Graßl, die seit 1602 das Recht hat, Enzianwurzeln zu graben und „Branntwein" daraus herzustellen. Der Enzianbrenner und Wirt Franz Graßl (1795 – 1841) genoß als Musikant international Ansehen, auf seinen Tourneen durch die europäischen Städte musizierte er mit Frau und seinen sieben Kindern auch an vielen Königshäusern.

Mit dem Aufblühen des Fremdenverkehrs im ausgehenden 19. Jahrhundert trat die Landwirtschaft allmählich ganz in den Hintergrund. Schon bald wurde die Schönau zur bevorzugten Sommerfrische für Künstler und Gelehrte, wie den Komponisten Max Reger oder Georg Dehio, der auf dem „Fischmichllehen" seine „Geschichte der Deutschen Kunst" vollendet haben soll. Der Münchner Maler Ludwig Thiersch hatte sich 1878 die Villa Köppleck errichtet und sich mit seiner Familie niedergelassen. Der jagdliebende Maximilian Graf Arco-Zinneberg (1811–1885), der das Vorbild für Graf Egge in Ludwig Ganghofers Roman „Schloß Hubertus" war, besaß das Schornanwesen. Im Jahr 1855 ließ er in Unterstein eine kleine Kirche bauen. Nachdem der neugotische Bau zu klein geworden war, wurde an dessen Stelle 1932/33 die neue Untersteiner Kirche gleichzeitig mit dem Pfarrhof erbaut, der spätbarocke Gnadenaltar von 1730 wurde in die neue Kirche überführt.

Die Oberschönau nach Osten gegen Kehlstein, Göll und Brett.

Nach Westen, mit Hochkalter und Reiteralm.

„Wirthschaft Kohlhiesl“ vor Göll und Brett, um 1915.

Der Wirtsgarten, links das Salettl.

Feldkapelle beim Winkllehen, 1908.

Das Drechslerhäusl in Unterstein, um 1910.
Die Drechslerei lief seit ca. 1805 mit Wasserkraft. Angeschlossen war eine Getreidemühle, die bis 1930 in Betrieb war.

Café und Pension Brunneck in Unterstein, um 1930.

Landheim Hohenwart in Unterschönau am Königssee. Im Besitz des Sterbekassenvereins der städt. Beamten Münchens, um 1928.

KÖNIGSSEE.
Obersee.
H. Metz Kunst-Verlags Anstalt Tübingen.
Gruss vom Königssee.
St. Bartholomae.
Angekommen: 12
Laune:
Wetter:
Befinden:
Gesellschaft:
Vergnügen:
Durst:
Sonstige Bemerkungen:
Martin
J. Langegger

Königssee

Als Ende des 18., Anfang des 19. Jahrhunderts die Zeit der romantischen Malerei begann, zog es Scharen von Malern an den Königssee. Mit Louis Wallée (1773 – 1838) hatte ein neues Zeitalter der Landschaftsmalerei begonnen, er war der erste Künstler, der in Berchtesgaden 1798 „nach der Natur" zeichnete, darunter auch die Seelände am Königssee. In seiner Nachfolge kamen Carl Friedrich Schinkel, Ferdinand und Friedrich Olivier, Julius Schnorr von Carolsfeld, Carl und Leopold Rottmann und viele andere Maler an diesen See, der die Hochalpenromantik schlechthin verkörperte. Bereits 1836 soll in Sankt Bartholomä ein „Fremdenbuch für Künstler" aufgelegen sein, in das sich bis 1849 mehr als 100 Maler eingetragen hatten. Auch heute denkt man bei Erwähnung des Namens Königssee sofort an den von steilen Felsen umschlossenen See, doch die ehemalige gleichnamige Gemeinde hat auch noch andere Gesichter. Beginnend südlich des Höllgrabens, der die Grenze zu Salzberg bildet, etwa 1 km vom Hauptbahnhof Berchtesgaden entfernt, liegt die Gnotschaft Schwöb im Talgrund östlich der Königsseer Ache. Bis auf über 1000 m Höhe haben die guten Siedlungsbedingungen an den sonnigen Westhängen des Göllstocks die Bergbauernhöfe entstehen lassen, die sich über den ganzen Faselsberg bis Vorderbrand verteilen. Was als „Dörfl" Königssee bezeichnet wird, ist eine Ansammlung von Wohnhäusern, Pensionen und Hotels um die Höfe, die in nur geringer Entfernung vom Nordufer des Sees entstanden ist. Die Gnotschaft Königssee ist der Ausgangspunkt für Wanderungen und Bergtouren ins Jennergebiet, auf die Gotzenalmen, in das Hagengebirge, in das Steinerne Meer und nicht zuletzt in die Watzmann-Ostwand.

Doch zurück zum See, dem wohl bedeutendsten touristischen Anziehungspunkt des Landes. Der schmale Uferstreifen am Nordende des Sees, die Schiffslände, ist vorwiegend mit Hotels und Schiffshütten bebaut. Sie wurden nach dem Vorbild der alten Schiffshütten mit ihren scharschindelgedeckten Schopfwalmdächern im frühen 20. Jahrhundert im Berchtesgadener und Salzburger Heimatstil neu errichtet. Von der ältesten Bebauung zeugen noch die barocke Schiffmeisterkapelle und das Alte Seewirtshaus aus dem 18. Jahrhundert. Die vielen Hotelbauten lassen den Aufschwung des Fremdenverkehrs um die Zeit der Jahrhundertwende anschaulich werden, begünstigt zudem durch moderne Massenverkehrsmittel wie die ehemalige Königsseebahn, die zwischen 1909 und 1971, entlang der Königsseer Ache, bis zum Triftplatz gegenüber dem Hauptbahnhof Berchtesgaden verkehrte.

Schiffahrt wurde auf dem Königssee schon immer betrieben, in der Frühzeit waren es jedoch nur Fischer, Jäger und Hirten, die mit ihren Booten den See befuhren, sowie die Wallfahrer, die wohl überwiegend mit Flößen übersetzten. Bis zum letzten Viertel des 19. Jahrhunderts hielt sich der Bootsverkehr in engen Grenzen, nur die Fürstpröpste mit Gästen und Gefolge und später die Mitglieder des Bayrischen Herrscherhauses ließen sich zum Vergnügen über den See und zu den Jagdrevieren rudern. Bereits Fürstpropst Josef Konrad von Schroffenberg hatte Tarife für die touristische Überfahrt am Königssee festsetzen lassen, und seit etwa

Der Königssee liegt wie ein Fjord eingeschnitten zwischen den Bergen.

1. Gölleiten 2. Göllkamin 3. Scharitzkehlalm 4. Wilder Freithof 5. Westwand 6. Göllgipfel 2522 m 7. Alpelscharte 8. Alpeltal 9. Archenköpfe 10. Brettriedel 11. Hohes Brett 2338 m 12. Jägerkreuz 13. Mitterkaser 14. Brandkopf 15. Vorderbrand

Das Gebiet der Königsseer Gnotschaft Faselsberg unterhalb von Göll und Brett.

1830 konnte sich eine private geschäftsmäßige Lohnschiffahrt entwickeln. Seit 1872, in diesem Jahr überstieg die Besucherzahl zum erstenmal die Zehntausend, steigerte sich die Zahl der Schiffahrtsgäste immer mehr. Bedingt durch den Andrang vergrößerte sich auch die Anzahl der Ruderer und Boote, 1907 waren insgesamt 180 Schiffer mit 57 Booten im Einsatz, im Jahr 1908 haben sich fast 80 000 Personen in den unterschiedlich großen Flachbooten über den See rudern lassen. Mit Zustimmung des Prinzregenten wurden maschinenbetriebene Boote bestellt. Ein kleines Elektroboot, es konnte 38 Personen befördern, mit dem Namen „Akkumulator" eröffnete am 15. Juli 1909 die Motorschiffahrt. Die beiden „Naphta"-Boote „Tristan" und „Isolde", mit Petroleum betriebene Dampfmaschinenboote, sowie das Benzinmotorboot „Chriemhilde" folgten wenige Tage später, außerdem ein kleines Elektroboot nur für Hofdienste. Bis 1926 war eines der Petroleum-Dampfboote in Betrieb, seither verkehren nur noch Boote mit Elektromotoren auf dem See.

Im Eingangsbereich des Sees liegt die Insel Christlieger mit einer Nepomukstatue von 1711, dahinter ragt die senkrecht abfallende Falkensteinerwand aus dem Wasser. Eine Gedenktafel erinnert an die 60 Wallfahrer aus dem Pinzgau, die hier 1688 in einem Sturm ums Leben kamen. Gegenüber weitet sich der See durch eine östliche Bucht, dem seit langem als Standplatz von Malern bekannten Malerwinkel. Vorbei an Königsbachfall und Echowand geht die Fahrt zu der Bedarfsanlegestelle Kessel, von hier aus führt ein von König Maximilian I. angelegter Reitweg zur Königsbach- und Gotzenalm. Wie ein Smaragd liegt die Halbinsel St. Bartholomä mit der barocken Wallfahrtskirche im dunklen See vor der drohend aufragenden Watzmann-Ostwand. Bereits 1134 wurde eine erste Kapelle geweiht, deren romanisches Mauerwerk im heutigen Langhaus aufgegangen ist. Der Neubau mit der östlich angefügten Dreikonchenanlage wurde 1697/98 nach dem Vorbild des Salzburger Doms errichtet, unter Fürstprobst Cajetan Anton von Nothafft (1732 – 1752) wurde an die Westseite ein Rundbau angefügt. Dadurch wurde der bisher freistehende Bau mit dem gleichzeitig erneuerten Jagdschlößchen, das sich bereits Propst Erasmus Pretschlaipfer (1473 – 1486) hatte erbauen lassen, verbunden. Das Ensemble wird vervollständigt durch eine Schiffshütte und das Forsthaus. Hier vorbei führt der Weg zu dem nachgotischen Bau der Kapelle St. Johannes und Paulus, in der der Sage nach die „Untersbergmanndln" ihre nächtlichen Gottesdienste halten sollen. Am Fuß der Watzmann-Ostwand liegt die „Eiskapelle". Aus dem Firnfeld mit gletscherartigem Charakter fließt der Eisbach, der eine kapellenartige Wölbung in das Eis gefressen hat, und die noch im 19. Jahrhundert ungleich größer und beeindruckender gewesen sein muß. Von Bartholomä aus führen die Steige hinauf zum Steinernen Meer. Am südlichen Ende des Sees liegt die Saletalpe, ein überaus romantisches Weidegebiet, durchflossen vom Ablauf des Obersees, der sich zu einem kleinen, fast unbemerkten See weitet. Einzelne verstreut liegende Felsblöcke sind malerisch überwachsen. Der kleine Obersee, in dessen klarem Wasser sich die dahinterliegende Fischunkelalm und die Talwand spiegeln, wird überragt von den Teufelshörnern. Hinter dem Almgebiet schließt sich das Tal zu einer beeindruckenden Steinrotunde mit dem Röthbachfall. Durch diese unzugänglich wirkenden Wände führen steile Pfade über längst verfallene Almen ins Hagengebirge und ins Steinerne Meer.

Der Jugendstilbahnhof war einst die Kopfstation der Linie Berchtesgaden – Königssee, die von 1909 bis 1971 verkehrte. Seit 1979 befindet sich hier eine Informationsstelle der Nationalparkverwaltung.

Die „Neue Schiffslände". Links Hotel Schiffmeister, 1911 nach Plänen von Georg Zimmermann umgebaut und erweitert, die Dachform schließt an die alten Schiffshütten an. Rechts Gasthof Königssee, nach 1918.

Schiffslände mit Blick zur Insel Christlieger, um 1920.

Blick auf die Schiffslände, mit den alten Bootshütten, der Gasthof Schiffmeister noch vor dem Umbau, um 1905.

Das Nordufer des Königssees, um 1905. Im Vordergrund Ruderer mit „Landauer-Boot“.

Fotografische Potpourrikarte mit lithographierter Rahmung, 1897 verschickt.

Die Aufnahme zeigt verschiedene Schiffstypen der „Königssee-Flotte" im Jahre 1912.
Von Links: Großes Ruderboot, das erste Elektro-Boot „Accumulator", davor die flachen „Landauer". An der Landungsbrücke das Petroleumdampfboot „Obersee".

Das „Seebad Königssee" um 1930.
Wegen dem Ausbau der Bob- und Rodelbahn geschlossen.

Falkensteinwand am Königssee mit Untersberg
Phot. L. Ammon. 214

Königssee vom Malerwinkel mit
Falkensteinwand und Funtenseetauern
136

Auf der Doppelseite drei Künstlerpostkarten, alle etwa vom gleichen Standort vom Malerwinkel aus.

Verlag Ottmar Zieher, 1902, signiert Marcks.

Alpiner Kunstverlag Eugen Richter, nach einem Aquarell von Edward Harrison Compton.

„Tuck's Oilette" von 1908, nach einem Ölbild von Carl Schultze, verlegt bei L. Vonderthann in Berchtesgaden.

Eines der beiden „Naphta-Boote“ vor blutrot koloriertem Hintergrund, um 1909.

Mondaufgang über dem See, um 1897.

Farblithographie, abgestempelt 1894.
Interessant ist die Darstellung des Ruderers, der einen Böllerschuß abgibt. Bis gegen Ende des 19. Jahrhunderts wurde an der Echowand mit Böllern geschossen. Der Mann im Boot liest offensichtlich in seinem Reiseführer.

„Landauer" im Malerwinkel, 1915.

„WIRO"-Künstlerkarte, um 1910, verlegt bei L. Vonderthann. Eine der beliebtesten Ansichten von St. Bartholomä, vor der Watzmann-Ostwand, mit Booten im Vordergrund.

Nach einem Aquarell von Edward Harrison Compton.

Nachkolorierte „Photochromiekarte“, um 1910.

St. Bartholomä am Königssee
32.

Blick von Süden auf das Ensemble Wallfahrtskirche – Jagdschlößchen.

Das ehemalige Jagdschlößchen ist eine beliebte Ausflugsgaststätte.

Der Königssee
Phot. F. G. Zeitz Nr. 618

S. K. H. Prinzregent Luitpold von Bayern im Stachelschlitten
über den Königsee

St. Bartholomä mit Watzmann.

Verlag C. Andelfinger & Co., München
Originalaufnahme B. Dittmar, München 1901 No 4257
23
Wildfütterung am Königssee

St. Bartholomä am Königsee.
München d. 21. XII. 15.
Meine Lieben!

Die „Eiskapelle" unterhalb der Watzmann-Ostwand.

Blick über den See auf die Salet-Alm, im Hintergrund die Teufelshörner.

Blick von der Sagereckerwand auf Königssee,
Bartholomä und Untersberg
308 Phot. L. Ammon

Blick von der Kaunerwand auf das Südende des Sees.

Den früheren „Mooskaser“ auf der Salet-Alm ließ Freifrau von Heldburg 1880/81 zu einem einfachen Landhaus umbauen.

Blick von der Salet-Alm auf Burgstallkopf und Watzmann.

Partie am Weg vom Königsee zum Obersee.

Kunstanstalt Hermann Ludewig, Leipzig-R., No. 4481 Autocolor.
Obersee.

Blick über den Obersee nach Osten auf die Fischunkelalm, um 1930.

Blick vom Röthsteig auf Obersee und Königssee mit Watzmann.

Dürreck mit Göll und Brett.
„Heim der Werkslehrlingsgruppen", um 1925.

Die 1911 verschickte Karte trägt auf der Rückseite den Stempel „Alpenwirtschaft Vorderbrand".

Berchtesgadener
hochalpines
Schi-Gelände.
0 1 Km
Eisenbahn
Strasse
Fahr & Holz-Ziehweg
Rodelbahn
Schi-Bahn
Lawinengefahr; Wirtshaus.
Vorder-Brand
Hoher Göll
Königssee
Hohes Brett
A.V. Hütte
Jenner
Schneibstein
Reiners B.
Fagstein
Kahlers-B.
Kragen-Kg.
Paradeis-Kg.
Hochfeld K.
Eiblhöhe
Torrener Joch
Königsbach A.
Priesberg A.
Scheibe
Hochsattel
Hochseelein-Scharte
Lengtal A.
Gotzen A.
Hohes Laafeld
Alpelköpfe
"Die Umgäng"
Ob. Joch A.
Jagd Schloss
Königsberg A.
Dörfl
Brand
Kraut kaser
Mitterkaser A.
Schlung H.
Windscharte
Grafflingschlimme A.
Hint. Schlum A.
Gotzen Tauern
Bärenkopf
Regen A.
nach Berchtesgaden

Der rechte der beiden Kaser ist bereits zur Ausflugsgaststätte umgebaut, um 1920.

Blick über das Weidegebiet der Scharitzkehlalm in das Endstal und auf den Hohen Göll.

Hoher Göll
Dr. Trenkler Co., Leipzig.
Grüsse aus der Scharitzkehl-Alm, 1043 m, bei Berchtesgaden
Hansi
Liebstes Hansal!

Scharitzkehl - Alpe
bei Berchtesgaden.
J. B. Obernetter, München
Eigenth. u. Verlag v. J. B. Rottmayer, Berchtesgaden.
Cara un sincero saluto dalla tua
14. 7. 1900.

Blick von Vorderbrand auf Berchtesgaden, im Hintergrund der Untersberg.

Die 1070m hochgelegene Alpenwirtschaft Vorderbrand, mit giebelseitig angebautem Salettl.

Eine Ski- oder Schlittenabfahrt von Vorderbrand gehörte zu den frühesten Wintersportvergnügen in Berchtesgaden.

Am Gipfel des Vogelsteins im Jennergebiet. Blick in die Watzmann-Ostwand und in das Eistal.

Das 1923 eröffnete Carl-von-Stahl-Haus der Alpenvereinssektion Salzburg.

„Kahlersberg von der Herrenroint", nach einem Aquarell von E. T. Compton.

Die Karte aus der Zeit der Jahrhundertwende zeigt, daß früher auch Schweine auf die Alm getrieben wurden.
Die Gotzenalm liegt auf etwa 1685 m über dem Königssee. Im Vordergrund der „Springlkaser“, ein ehemaliger Rundumkaser.

Das private Bergrestaurant ist aus dem alten Rundumkaser entstanden, der vielfach verändert und vergrößert wurde.
Er zeigt sich auf diesem Foto noch mit einem Legschindeldach.

Blick über die Gotzenalm nach Südosten auf Hochkönig und Übergossene Alm.

Das Riemannhaus im Steinernen Meer. Links die Schönfeldspitze, rechts daneben der Wurmkopf. Rechts neben dem Riemannhaus der Sommerstein.

Am Steinernen Meer. Links Sommerstein (2308 m), rechts Breithorn (2504 m).

Die Schönfeldspitze, 2651 m.

Das Riemannhaus zwischen Sommerstein (links) und Breithorn, im Sommer ...

... und im Winter.

Die 1879 erbaute Funtenseehütte am Steinernen Meer, vor 1890.
Schon 1385 trieben 11 Bauern ihr Vieh zur Sömmerung auf die Funtenseealmen.

1905 wurde das neue Schlafhaus errichtet, nun Kärlingerhaus benannt. Die Karte wurde 1913 abgestempelt.

Das Kärlingerhaus vor den Funtenseetauern, rechts der Viehkogel.

J. B. Obernetter, München.
Eigenth. u. Verlag v. J. B. Rottmayer, Berchtesgaden.
Blick auf das Steinerne Meer
Hocheck u. Mittelspitze.
Watzmann-Haus.

Der Watzmann

Das ganze Land dominierend erhebt sich der reichgegliederte Watzmannstock mit seinen Graten und Wänden über Berchtesgaden. Egal, wo man sich aufhält, von überall ist er zu sehen, und nach jeder Seite zeigt er ein anderes Gesicht: Von Norden, wo die mächtige Pyramide des Großen Watzmann, nach Osten fortgesetzt durch die Gipfelkette der fünf Kinder und der Watzmannfrau, über dem bewaldeten Grünstein aufsteigt, oder vom Königssee aus, wo die gewaltige, 2000 m hohe Ostwand fast senkrecht aus dem Wasser aufzusteigen scheint und man die Südabstürze der Watzmannkinder vor Augen hat. Vom Wimbachtal aus wächst der Hauptkamm des Großen Watzmann mit seinen drei Gipfelzacken und der bänderartigen Schichtung über einem bewaldeten Sockel aus den Geröllhalden des Wimbachgrießes. Am bekanntesten ist die Ansicht von Berchtesgaden aus, mit Großem Watzmann, den Kindern und Watzmannfrau. In dieser Form, mit dem vorgelagerten Grünstein, ist er das Wahrzeichen von Berchtesgaden. Es verwundert nicht, daß diese markante Gestalt Anlaß zur Sagenbildung des gewalttätigen Königs Watze mit seiner Familie gegeben hat. Nach dem Vorbild der unvergleichlichen Schweizer Bergpostkartenserie von Emil Nolde wurde auch der Watzmann schon früh personifiziert dargestellt, Karten, die sich in immer neuen Darstellungen nach wie vor großer Beliebtheit erfreuen.

Wer den Großen Watzmann als erster bestieg, ist nicht bekannt, denn bereits im 17. und 18. Jahrhundert war das Hocheck, der 2653 m hohe Nordgipfel, das Ziel von Wallfahrern. Sie errichteten dort oben ein Holzkreuz und stellten ein Marienbild und einen Opferstock auf, erstmals erwähnt 1782. Im Jahr 1799 stieg der Geistliche Valentin Stanig als erster weiter auf die 2713 m hohe Mittelspitze, als er zu Vermessungsarbeiten auf dem Hocheck weilte. Mehr als dreißig Jahre später, im Jahr 1832, bezwang Carl Thurwieser die 2712 m hohe Südspitze, damals noch Schönfeldspitze genannt, vom Wimbachtal aus.

Die Erstbegehung der Ostwand von der Eiskapelle bis zur Südspitze erfolgte 1881 durch den Ramsauer Bergführer Johann Grill sen., genannt „Kederbacher“ nach dem gleichnamigen Lehen in der Ramsau, und dem Wiener Otto Schück. Im Jahr 1885 folgte Johann Punz vom Preissenlehen, ebenfalls aus der Ramsau, mit dem bekannten Alpinisten Ludwig Purtscheller.

Das Watzmannhaus oder Münchener Haus wurde 1887 auf dem 1930 m hohen Falzköpfl errichtet, 1894 folgte ein Erweiterungsbau. Mit dem Bau des großen Schlafhauses 1911 erhielt es sein heutiges Aussehen. Ab 1898 wurde das Haus an den Bergführer Johann Grill sen. verpachtet, 37 Jahre blieb es in Händen der Familie. Ebenfalls 1898 entstand eine Unterstandshütte auf dem Hocheck. Das Watzmannhaus ist einer der bekanntesten alpinen Stützpunkte der bayerischen Alpen zwischen Königssee und Bodensee.

Berchtesgaden — Familie Watzmann

Kleiner Watzmann und Watzmannkinder.

Das Watzmann-Kar ist eine beliebte Ski-Tour.

Bergführer vor dem Watzmannhaus auf dem Falzköpfl, um 1890.
Das Watzmannhaus wurde am 5. August 1888 eingeweiht.

Der „Hofbergführer" Franz Pfnür (1876 – 1949) aus der Schönau. Atelieraufnahme um 1900.
Auf der Karte steht: „Ein Allerweltskerl! Man werde nicht zu vertraulich. Kann grob und frech werden. Erzählt jedoch viel und gut. Ihro allen! Abends in Hütte lustig mit Deandln. – 5. und 6. Sept. Plateau Steinernes Meer interessant, etwas ermüdend."

Das Watzmannhaus um 1930. Der große Anbau wurde 1911 als Schlafhaus bzw. Bettenhaus errichtet.

Blick vom Watzmannhaus nach Westen auf den Hochkalter.

Das Hocheck (2652 m), der nördliche Gipfel des Großen Watzmann.

Unterstandshütte auf dem Hocheck mit Blick auf die Mittelspitze (2654 m).

Hocheck und Mittelspitze (links).

Die Mittelspitze von Hocheck aus.

Berchtesgaden.
Watzmann, Mittelspitze gegen Osten

Watzmann, Blick auf Hohen Göll, Brett, Schneibstein u. kleinen Watzmann

Postkartenverlage und Druckereien

Adam' s, P. L. , Verlag, München
A.G. Münch. Chromolith. Kunstanst.
Alp.-Ver., Section Berchtesgaden
Ammon, L., Schönau-Berchtesgaden
Andelfinger, C. & Co., München
„Artus", Kunstverlag, München

Bauer, Anton, Photo, Bischofswiesen
Bechly, Olga, Bad Reichenhall
Becker & Kölblinger, München
Beer, Otto, Berchtesgaden
Bischoff, D. u. R., München
Blaschke, O., Prien a. Chiemsee
Born, Gebrüder, Kunstverlag, G.m.b.H., Berlin
Brandner, Photo, Berchtesgaden-Obersalzberg
Braun & Co., Karl, München
Bromüra
Bruckmann, F., AG, München

Cosy-Verlag, Salzburg

D & N
Datz, Heinrich
Deutsche Kunst- und Verlagsanstalt, G.m.b.H., Dortmund
„Die Naturfreunde" O. Gr., München
Dietrich, Michael, München

Ermisch, Karl, Berchtesgaden

Fendt, Josef, Berchtesgaden
Fernande, Phot. Atel., Berchtesgaden
Fink u. Co. GMBH, München
Fränzl, Lorenz, & Co., München
Fuchs, Rudolf, Berchtesgaden

Gallas, Josef A., 1. Salzburger Reclame- u. Verkehrs-Bureau, Salzburg
Garte, Carl, Lithogr. Kunstanstalt, Leipzig
Gegenfurtner, Anton, Berchtesgaden
Glaser, Louis, Leipzig
Grainer, Photohaus, Berchtesgaden
Greve, Wilhelm, Berlin SW
Gutjahr, H., Ramsau

Haid, Carl-Otto, München
Hayer, Franz, München
Helff & Stein K.-G., Leipzig-Innsbruck
Henning, Otto, Hofkunstanstalt, Greiz
Herpich, Martin, Kunst- und Verlagsanstalt, München
Hierzegger, Adolf, Berchtesgaden
Hoffmann, Wilhelm, AG, Dresden
Huber, Hans, Alpiner Verlag, Garmisch-Partenkirchen
Huber, Hans, Alpiner Kunstverlag, München
Huttegger, J., Salzburg

Jander, Carl, Berlin
Jobst, R. , Wien
Jurischek, C., Salzburg

Kaiser, Joseph, Wasserburg a. Inn
Klingelhoeffer, R. u. H., Hallein
König, Edmund von, Kunstverlag, Heidelberg

Lautz & Isenbeck, Kunstanstalt, Darmstadt, Bremen
Ledermann, P., Wien
Lehrburger, B., Nürnberg
Lesk u. Schwidernoch, Wien
Lochner, Michael, Berchtesgaden
Ludewig, Hermann, Leipzig

M-B M
Mehner & Maas, Leipzig
Meisenbach Riffarth & Co., München
Metz, Gebrüder, Tübingen
Monopol, Kunst- und Verlagsanstalt A.G. Schöllhorn, Innsbruck

Ney, P. Berchtesgaden
Novitas, Berlin

Obernetter, J.B., München

Payne, A.H., Leipzig
Pernat, Hans, München
Pfingstl, Berchtesgaden
Postkarten-Industrie A.G., Wien
Purger & Co., München

Richter, Eugen, Alpiner Kunstverlag, Berchtesgaden-Königssee
Rottmayer, J.B., Photograph. Atelier, Berchtesgaden

Sammüller, Karl, Tengling a. Waginger See
Schandalik, R., Hallein
Schmid, J., Photohaus, Berchtesgaden
Schmid, J., Lofer
Schöning, Christian, Lübeck
Stengel & Co., Dresden
Südd. Kunstverlag M. Seidlein, München

Tichy, L., Freilassing
Trenkler & Co., Leipzig
Triem, Peter, München
Tuck & Sons, Raphael, London

Verlag d.S.M.d.D.Ö. Alpenvereins
Vonderthann & Sohn, Ludwig, Berchtesgaden

Wernhard, Otto, Berchtesgaden
Wirthmiller, Adolf, Saalfelden
Wiedemann, C. F. , Roda
Würthle & Sohn, Salzburg

Zeitz, F.G., Königssee
Zenker, Photo, Bad Reichenhall
Zieher, Ottmar, München

Literaturverzeichnis

Brugger, Walter; Dopsch, Heinz; Kramml, Peter F.;
Geschichte von Berchtesgaden, Band I, Berchtesgaden 1991

Brugger, Walter; Dopsch, Heinz; Kramml, Peter F.;
Geschichte von Berchtesgaden, Band II/1, Berchtesgaden 1993

Dehio, Georg;
Handbuch der Deutschen Kunstdenkmäler, München, Berlin 1990

Gödde, Günther;
Wissenswertes über die Almbachklamm bei Berchtesgaden, Berchtesgaden 1994

Helm, A.;
Das Berchtesgadener Land im Wandel der Zeit, Reprint, Berchtesgaden 1973

Hölzl, Walter;
Ramsauer Mühlsteine, in: Berchtesgadener Heimatkalender 1990, S. 91 ff.

Inderst, Thomas;
800 Jahre Festungswerk von Hallthurm, in: Der Marktbote, Beilage des Berchtesgadener Anzeigers vom 14.12.1994

Lochner, Wolfgang;
Die Bedeutung des Salzes und der Salinen, in: Berchtesgadener Heimatkalender 1992, S. 93 ff.

Merian,
Berchtesgadener Land, Hoffmann und Campe, Hamburg, 1980

Salzbergwerk Berchtesgaden,
Heidelck-Bauer-Pörner, München o. J.

Schindler, Herbert;
Berchtesgadener Land und Rupertiwinkel, München 1989

Schindler, Herbert;
Barockreisen in Schwaben und Altbayern, Passau 1965

Schöner, Hellmut;
Das Berchtesgadener Land im Wandel der Zeit, Ergänzungsband I, Berchtesgaden 1982

Schöner, Hellmut; Irlinger, Rosl;
Der alte Obersalzberg bis 1937, Berchtesgadener Schriftenreihe Nr. 20, Berchtesgaden 1989

Spiegel-Schmidt, Alfred;
Die Wallfahrt auf den Watzmann, in: Berchtesgadener Heimatkalender 1990, S. 127 ff.

Till, Wolfgang;
Alte Postkarten, Battenberg Sammlerkatalog, Augsburg 1994

Werner, Paul;
Bäuerliche Baukultur im Berchtesgadener Land, Berchtesgaden 1984

Willeitner, Martin;
Die Geschichte des Königssees und seiner Schiffahrt, in: Berchtesgadener Heimatkalender 1991, S. 113 ff.

Willoughby, Martin;
Die Geschichte der Postkarte, Erlangen 1993

Zur Autorin

Eva-Maria Ilsanker, geboren 1952 in Bischofswiesen, studierte Architektur, Kunstgeschichte, Archäologie und Theaterwissenschaften.
Sie lebt als freischaffende Architektin in Bischofswiesen und München.
Seit 1980 Lehrauftrag für Bauaufnahme an der Fachhochschule München.
Ihre Bibliographie umfaßt verschiedene wissenschaftliche Aufsätze zur Baugeschichte von Schlössern, zum Theaterbau und zum Thema historische Bauforschung.